F

COURS ABRÉGÉ

DE

LÉGISLATION

ET

DE PROCÉDURE

CRIMINELLES.

COURS ABRÉGÉ

DE

LÉGISLATION

ET

DE PROCÉDURE

CRIMINELLES,

FAIT A LA FACULTÉ DE DROIT DE GRENOBLE,
PAR M. BOLLAND, PROFESSEUR.

GRENOBLE,

CHEZ BARATIER FRÈRES, IMPRIMEURS

DE LA FACULTÉ.

1828.

GRENOBLE,

IMPRIMERIE DE C.-P. BARATIER.

COURS ABRÉGÉ

DE

LÉGISLATION

ET

DE PROCÉDURE

CRIMINELLES.

Les lois civiles règlent les droits et les rapports des citoyens entr'eux quant à leurs personnes et à leurs biens ; et les lois de procédure civile indiquent la marche à suivre pour l'application de ces lois, qui, sans celles-ci, ne seraient qu'un instrument inutile et sans force.

De même, les lois criminelles, dans la vue de maintenir l'ordre public, déterminent les actions ou omissions punissables, et indiquent les peines à infliger ; et les lois de procédure criminelle tracent la marche à suivre pour l'exécution de ces lois, pour l'application de ces peines.

La seconde partie du premier ordre de lois, c'est-à-dire les lois de *procédure civile*, et toutes celles du second ordre, c'est-à-dire les dispositions de *législation* et de *procédure* criminelles, rentrent dans l'enseignement de la même chaire et doivent être exposées dans le courant de la même année : c'est ce qui explique comment se trouvent si abrégées et si élémentaires les notions que peut donner le professeur sur ce dernier objet, c'est-à-dire sur le *droit criminel*.

Le droit criminel, ainsi qu'on vient de le dire, se divise en deux parties bien distinctes, la *législation*, et la *procédure* criminelle.

PREMIÈRE PARTIE.

LÉGISLATION CRIMINELLE.

Principes généraux.

On appelle, en général, *délit* (du mot latin *delinquere*, *delictum*), tout fait défendu et puni par la loi criminelle.

Nous disons *tout fait*, quoique quelquefois il y ait délit dans une simple *omission* de ce que la loi commande (*Voy*. ex. dans les art. 103

et suiv. du Code pénal), parce que ce dernier genre de délits est très-rare.

« Faire ce que défendent, ne pas faire ce » qu'ordonnent les lois qui ont pour objet le » maintien de l'ordre social et la tranquillité » publique, c'est un délit », disait le Code *des Délits et des Peines* du 3 brumaire an 4.

Cette définition n'est pas répétée dans nos Codes actuellement en vigueur ; mais elle est toujours juste, en supposant du moins que la loi *d'ordre public* prononce une peine ; car sans cela, et quand même le fait serait défendu, aucune peine ne pourrait être prononcée par le juge, qui ne peut puiser sa décision que dans la loi.

Nous disons *dans la loi*, quoique cependant il y ait des faits qui sont considérés comme *délits*, en prenant ce terme dans sa plus large acception, quoiqu'ils ne soient défendus que par des *réglemens* de police émanés de l'autorité administrative ; mais dans ce cas-là même il n'y a pas réellement exception au principe, parce que ces réglemens ne tirent leur force que de la loi qui les autorise, tellement qu'ils ne peuvent avoir trait qu'aux matières où la loi le permet, et qu'aucune peine même alors ne peut être puisée que dans la loi, en sorte que la partie du réglement qui porterait une peine plus forte, ou plus faible que celle de la loi, serait regardée comme non-advenue, et celle de la loi seule devrait être appliquée.

Ainsi, par exemple, l'art. 471 du Code pénal punit d'une amende de 1 fr. à 5 fr. le refus d'exécuter les *réglemens concernant la petite voirie*: le réglement qui serait relatif à cette matière et qui porterait une peine plus forte, ou moins forte, serait, en cette partie, considéré comme n'existant pas, et la peine de la loi seule devrait être prononcée.

Si le réglement était relatif à la *grande voirie*, ou à toute autre matière non confiée par une disposition spéciale de la loi au pouvoir réglémentaire de l'administration, il devrait en totalité être regardé comme non-advenu.

Mais toutes les fois que le réglement est relatif à une matière confiée au pouvoir administratif, il doit être pleinement exécuté par l'application de la peine de la loi à laquelle il se réfère, sans qu'il soit permis aux tribunaux d'examiner *l'opportunité* ou le *mérite* de ses *dispositions* en elles-mêmes, sauf à ceux qui s'en plaindraient à provoquer sa réformation, pour l'avenir, par l'administration supérieure; mais jusques à cette réformation il devrait être exécuté.

Voilà donc tout le pouvoir des tribunaux sur ce point : ils peuvent examiner si le réglement que l'on invoque est dans les *bornes* du pouvoir administratif de qui il émane; mais une fois cela reconnu, toute critique du tribunal doit s'arrêter, et il ne lui reste plus qu'à exécuter.

Hors de là, il y aurait usurpation du pouvoir administratif sur le pouvoir législatif, ou anarchie et désordre par empiètement du pouvoir judiciaire sur le pouvoir administratif.

Ces principes résultent implicitement des dispositions de la loi du 24 août 1790, tit. 11, du Code *des Délits et des Peines* du 3 brumaire an 4, art. 600 et suivans, comparés avec le Code pénal de 1810, art. 484; des art. 163, 176, 195, 369, 471 et suivans de ce dernier Code, etc., et la Cour de cassation les applique constamment.

Les lois et réglemens en matière pénale n'ont point d'effet rétroactif, c'est-à-dire qu'ils ne règlent que les actions postérieures à leur promulgation. Ce principe vrai en matière civile (*Voy.* Code civil, art. 4), l'est aussi en matière criminelle. *Voy.* Code pénal, art. 4.

Ce principe reçoit pourtant en cette der-

nière matière une modification importante, en
ce sens que si une loi postérieure au fait, et
et existante à l'époque du *jugement*, portait
une peine plus douce, elle devrait être appliquée de préférence à celle existante au moment
du fait. — Argument du décret du 23 juillet
1810, art. 6.

On applique même ce principe en matière
de prescription.

Ainsi, dans le cas d'opposition de deux lois
sur cette matière, l'une du temps du délit, et
l'autre du temps du jugement de ce délit, c'est
la plus favorable au prévenu qu'il faut appliquer. — Argument du même décret.

En général, sans *volonté* de commettre le
fait, il n'y a point de délit, et de là la disposition de l'art. 64 du Code pénal, qui porte :
« Il n'y a ni crime ni délit, lorsque le prévenu
» était en état de démence au temps de l'ac-
» tion, ou lorsqu'il a été contraint par une
» force à laquelle il n'a pu résister ».

Un autre principe encore bien important
en matière criminelle, c'est que le doute s'interprète toujours en faveur du prévenu. *Voy.*
Code d'instruction criminelle, art. 347.

Aussi ne trouve-t-on dans les lois criminelles (à la différence des lois civiles) aucun mode indiqué pour vider les partages. C'est qu'en cas de partage le prévenu doit être absout.

Mais aussi, en cas de conviction, le juge ne peut se dispenser d'appliquer la peine portée par la loi, à moins qu'elle ne soit prononcée d'une manière *facultative*, comme, par exemple, dans le cas de l'art. 473 du Code pénal, qui permet d'ajouter à la peine prononcée dans quelques cas prévus par les dispositions précédentes celle d'emprisonnement : *pourra de plus être prononcée.....*, dit la loi (donc elle pourra ne pas l'être); et sauf aussi à user de la latitude que donne souvent la loi entre un *minimum* et un *maximum*.

Il faut remarquer cependant qu'en cas de conviction de plusieurs délits, on n'applique pas la peine de chacun d'eux, mais seulement la peine la plus forte. *Voy.* Code d'instr. criminelle, art. 365.

Les peines, au reste, soit en elles-mêmes, soit quant à l'infamie qui peut en rejaillir, sont essentiellement *personnelles*. Une loi du 21 janvier 1790 l'avait déclaré d'une manière formelle, et l'art. 85 du Code civil paraît une conséquence du même principe.

Les lois criminelles, comme lois de *police*, atteignent tous les faits qui ont lieu sur le territoire français, de quelques individus qu'ils émanent, sauf l'observation des règles du droit des gens à l'égard des ambassadeurs ou ministres étrangers. *Voy.* Code civil, art. 3.

Et il semble qu'elles ne devaient atteindre que ceux-là, et qu'elles devraient rester étrangères à tout ce qui se passe hors du sol français.

Cependant, soit par suite de la protection que la loi doit au Français et de l'autorité qu'elle a pour régler sa *capacité* partout où il se trouve (Code civil, même art. 3), soit parce que certains délits peuvent intéresser, d'une manière essentielle, l'ordre public en France, quoiqu'ils soient commis en pays étranger, la loi criminelle française est applicable, dans certains cas, à des délits, quoiqu'ils n'aient pas été commis en France.

Ainsi, d'après les articles 5, 6 et 7 du Code d'instruction criminelle, on peut poursuivre et punir en France, d'après la loi française,

1.º Le Français qui se serait rendu coupable, en pays étranger, d'un *crime* contre un Français, pourvu que le Français offensé rende plainte contre lui, et qu'il n'ait pas déjà été jugé en pays étranger ;

2.° Le Français ou l'étranger qui se seraient rendus coupables, hors du sol français, d'un *crime attentatoire à la sûreté de l'Etat, de contrefaçon du sceau de l'Etat, de monnaies nationales ayant cours, de papiers nationaux et de billets de banque autorisés par la loi.*

Mais, pour que cette disposition soit applicable à un étranger, il faut qu'il soit arrêté en France, ou que le gouvernement en ait obtenu l'extradition.

On appelle *extradition* (des deux mots latins *extrà* et *tradere*), l'action de remettre le prévenu d'un crime entre les mains d'une puissance étrangère, pour le faire juger et punir. *Voy.* Répertoire, *hoc verbo.*

La nécessité de demander l'extradition tient à l'indépendance réciproque des nations, et une extradition accordée peut être soumise à certaines conditions.

Quant au mode à suivre, *voy.* sur-tout Legraverend, *Traité de la législation criminelle en France,* tom. 1.er, pag. 85.

Il faut essentiellement considérer en législation criminelle les différentes espèces de délits, soit quant à leur gravité et aux différentes juridictions auxquels ils appartiennent, soit quant à leur nature et aux objets auxquels ils se rap-

portent, soit quant aux circonstances qui les ag-
gravent ou les atténuent, soit enfin sous le
rapport de l'action qui en naît, soit dans l'intérêt public, soit dans l'intérêt de la personne
qui a souffert du délit.

Et comme on peut être passible des peines d'un
délit, non-seulement lorsqu'on en est l'auteur
direct, et qu'on l'a *consommé*, mais encore quand
on en a simplement aidé ou facilité les auteurs,
c'est-à-dire par complicité, ou qu'on l'a simplement *tenté*, après avoir parlé des premiers objets, nous nous occuperons ensuite de la *complicité* et de la *tentative*, et successivement nous
parlerons de l'extinction des actions publique
et civile que la loi accorde pour délits.

CHAPITRE I.er

Des différentes espèces de délits.

Si le mot *délit* (ainsi qu'on l'a remarqué),
pris dans son acception la plus générale, indique
toute infraction à la loi pénale, les délits eux-
mêmes se subdivisent en trois espèces, savoir:

1.º Les *contraventions* qui indiquent les infractions les plus légères;

2.º Les *délits* proprement dits, qui désignent
des infractions un peu plus graves ;

3.º Enfin, les *crimes* qui indiquent les infractions de la dernière gravité.

On distingue tous les différens genres de délits par la nature de la peine que la loi applique aux faits qu'elle prévoit.

Si le *maximum* de la peine que la loi prononce pour un fait qu'elle détermine (1) n'excède pas *cinq jours* d'emprisonnement, ou 15 *fr.* d'amende, c'est une *contravention ;*

Si le *maximum* de la peine excède ces limites, et qu'elle ne soit ni *afflictive* ni *infamante*, c'est un *délit ;*

Si, enfin, la peine est *afflictive* ou *infamante*, le fait prévu par la loi est un *crime*.

Outre l'emprisonnement et l'amende, on connaît, pour les *contraventions*, une peine qui consiste dans la confiscation *spéciale* des objets *saisis en contravention*, ou *des choses produites par la contravention*, ou *des matières ou instrumens qui ont servi ou qui étaient destinés à la commettre. Voy.* le Code pénal, art. 470, 472, 477, 481, etc.

---

(1). Nous disons *un fait*, pour abréger, quoiqu'il en puisse être de même pour une *omission*, ainsi qu'on l'a vu plus haut.

Outre l'emprisonnement et l'amende, on connaît, pour les *délits proprement dits*, plusieurs autres peines, savoir :

1.º La confiscation spéciale, comme pour les contraventions ;

2.º L'interdiction à temps de certains droits *civiques, civils ou de famille;*

3.º Le renvoi sous la *surveillance de la haute police de l'Etat* pour un temps. Nous dirons plus tard en quoi consiste cette dernière peine.

Enfin, les *peines afflictives et infamantes*, ou simplement *infamantes*, qui caractérisent spécialement les crimes, sont :

1.º La peine capitale ;

2.º Les travaux forcés à perpétuité;

3.º La déportation;

4.º Les travaux forcés à temps ;

5.º La réclusion.

(Ce sont là les peines tout à la fois afflictives *et* infamantes).

6.º Le carcan ;

7.º Le bannissement;

8.º La dégradation civique.

(Ces trois dernières peines sont simplement *infamantes*).

Le renvoi sous la surveillance de la haute police de l'Etat, pour un temps ou pour toujours,

la

la *marque* et la confiscation *spéciale*, peuvent ou doivent, dans les cas déterminés par la loi, être ajoutés à ces peines : (la marque ne peut l'être qu'aux peines *afflictives et infamantes*).

Le Code pénal avait aussi créé, pour certains cas, la peine de la *confiscation générale* des biens du condamné.

Mais cette peine injuste, qui pesait sur une famille innocente plus encore que sur le condamné lui-même, et qui rappelait une époque de trop pénible mémoire, a été depuis heureusement abolie : c'était une des taches du Code pénal de 1810 ; et son abolition est un des bienfaits de l'auguste auteur de la Charte. « La » peine de la confiscation des biens est abolie » (porte l'art. 66 de la Charte), et ne pourra » être rétablie. »

L'emprisonnement correctionnel est de *six jours* au moins, et en général de *cinq ans* au plus ; cependant, en certains cas déterminés et sur-tout en cas de récidive, il peut s'élever plus haut, et même jusqu'à *dix ans.*

L'amende correctionnelle est de 16 *fr.* au moins, et peut s'élever plus haut, suivant les cas et la mesure déterminés par la loi.

L'interdiction de certains *droits* qui peut être

prononcée pour *délits*, se rapporte aux objets
déterminés par l'art. 42 du Code pénal, c'est-
à-dire aux *droits de vote et d'élection*, *port
d'armes*, droit d'être *juré*, etc.

Cette interdiction peut être totale ou partielle;
mais elle ne peut être prononcée que dans les
cas spécialement déterminés par la loi. *Voy.*
Code pénal, art. 43.

L'effet du *renvoi sous la surveillance de la
haute police de l'Etat* est de donner au gouvernement et à la partie *intéressée* (c'est-à-
dire, nous le croyons, à la partie qui a souffert
du délit, *et qui s'était rendue partie civile*) le
droit d'exiger du condamné, après qu'il aura
subi la peine qui le privait de sa liberté, une
caution de bonne conduite, jusqu'à concurrence
de la somme qui est fixée par le juge.

Si le condamné commet de nouveaux crimes
ou délits pendant le temps de la *mise en surveillance*, la caution pourra être contrainte,
même par corps, à payer les condamnations
pécuniaires prononcées pour ces crimes et délits, jusqu'à concurrence de la somme portée
par l'acte de cautionnement; et cela en vertu
d'une ordonnance de contrainte que délivrera
le *juge d'instruction*. Code pénal, art. 46, et
Code d'instr., art. 123.

Si le condamné placé sous *la surveillance* ne fournit pas le cautionnement prononcé contre lui, ou si un autre ne le fournit pas pour lui, le Gouvernement a alors le droit d'exiger que le condamné s'éloigne d'*un certain lieu*, ou qu'il réside dans *un lieu déterminé* de l'un des départemens du royaume.

Et si le condamné contrevient à cet ordre, le Gouvernement a, par cela seul, le droit de le faire détenir en prison pendant tout le temps de la mise en surveillance.

La peine de la *déportation* consiste à être *transporté et à demeurer à perpétuité* dans un lieu fixé, et hors du territoire continental du royaume.

Si le condamné rompt son ban et rentre sur le territoire, il encourt la peine des *travaux forcés à perpétuité.*

S'il était saisi, au contraire, en pays étranger, il serait simplement reconduit au lieu de sa déportation.

Les *travaux forcés à temps* s'étendent depuis *cinq ans* jusqu'à *vingt ans.* La loi donne toute cette latitude au juge, entre un *minimum* et un *maximum.*

La *réclusion* a lieu depuis *cinq ans* jusqu'à *dix ans*. Cette peine, à la différence de la précédente, est subie dans l'intérieur d'une maison de force.

Les femmes et les filles, au reste, condamnées *aux travaux forcés*, ne subissent aussi leur peine que dans *l'intérieur d'une maison de force*.

La peine du *carcan* consiste à être exposé et attaché à un poteau sur la place publique pendant une heure avec un écriteau au-dessus de la tête faisant connaître le condamné et sa condamnation.

La peine du *bannissement* consiste à être obligé de quitter le *territoire du royaume*.

On voit qu'elle diffère de la *déportation* en ce que le *banni*, à la différence du *déporté*, peut habiter où il veut, pourvu qu'il quitte le territoire du royaume.

Le *déporté*, d'ailleurs, doit demeurer dans un lieu dépendant des possessions françaises. — Le *banni* doit habiter en pays étranger.

La *déportation* est perpétuelle. — Le *bannissement*, au contraire, est de cinq ans au moins, et de six ans au plus.

Enfin, on a vu que la *déportation* est placée, par la loi, au nombre des peines tout à la fois *afflictives et infamantes ;* — le *bannissement,* au contraire, est une peine simplement *infamante.*

Nous devons remarquer, au reste, que, dans l'état des choses, la peine de la *déportation*, faute d'un lieu convenable, n'est point réellement appliquée : elle est remplacée par une prison perpétuelle. C'est l'un des objets qui fixent et provoquent l'attention et l'examen du législateur.

La peine de la *dégradation civique* consiste dans la *destitution et l'exclusion de toutes fonctions ou emplois publics, et dans la privation de tous les droits énoncés en l'art.* 28 du Code pénal, c'est-à-dire d'être juré, expert, témoin, tuteur ou curateur (sauf dans un cas), du droit de port d'armes et de servir dans les armées du Roi. *Voy.* Code pénal, art. 34.

Plusieurs des peines *afflictives ou infamantes,* outre la marque dans certains cas dont il a été parlé plus haut, entraînent encore certains accessoires à la charge du condamné :

Ainsi, 1.° la peine capitale et toutes les peines

perpétuelles entraînent la *mort civile*, dont les effets sont déterminés par l'art. 25 du Code civil ;

2.º Tout condamné aux *travaux forcés* ou à la *réclusion*, doit subir l'*exposition* ou le *carcan*, avant de *commencer* à subir sa peine ;

3.º Tout condamné aux *travaux forcés à temps ou à la réclusion* est en état d'*interdiction légale* pendant la durée de sa peine ;

4.º Tout condamné aux *travaux forcés à temps*, à la *réclusion*, au *bannissement*, ou au *carcan*, est privé, pendant toute sa vie, des droits mentionnés en l'art. 28 du Code pénal, dont il a été question plus haut ;

5. Tout condamné aux *travaux forcés à temps*, ou à la *réclusion*, est, *de plein droit*, et pendant toute sa vie, après qu'il a subi sa peine, sous *la surveillance de la haute police de l'Etat.*

Les condamnés au *bannissement* y seront, après avoir subi leur peine, pendant un temps égal à la durée de celle-ci.

Toute condamnation pécuniaire pour crimes ou délits, peut, au reste, être poursuivie par la voie de la contrainte par corps.

Voy., sur tous ces différens objets, Code pénal, liv. 1.er et liv. 4, chap. 1.er

Cette division des délits en *contraventions*, *délits* proprement dits, et *crimes*, est sur-tout utile pour connaître la juridiction à laquelle chaque fait appartient, ainsi qu'il sera expliqué plus particulièrement dans la seconde partie.

Toute *contravention* appartient aux tribunaux de *simple police;* tout *délit* proprement dit appartient aux tribunaux *correctionnels*, et tout *crime* appartient aux *tribunaux criminels*, qu'on pourrait appeler le *grand criminel*, pour rappeler une expression de l'ancienne jurisprudence.

Comme les *contraventions* sont déterminées par la nature du fait même qui les constitue, et ne peuvent pas devenir *délits* par de simples circonstances aggravantes, la loi en a traité dans un livre tout-à-fait spécial. *Voy.* liv. 4 du Code pénal de 1810.

Mais comme le même fait, qui est *délit* quand il est tout simple, peut devenir *crime* quand il est accompagné de circonstances aggravantes, comme le simple vol, par exemple, qui est un *délit*, devient *crime* quand il est commis avec *escalade* ou *effraction* (*V.* Cod. pén., art. 401 et 384); la loi, pour éviter des répétitions, s'est occupée des *crimes et délits* tout à la fois

dans le même livre, *V*. liv. 3 du Cod. pén.,
sauf à les diviser ensuite quant à leur *nature*
et à l'objet auquel ils s'appliquent.

De là, les crimes et délits *contre la chose
publique*, et les crimes et délits *contre les particuliers ;* ce qui rappelle un peu les crimes
publics et les crimes *privés* des Romains.

Dans la première catégorie se présentent
les crimes et délits contre la *sûreté de l'Etat*,
et par-là même contre le *Roi ou sa famille ;*
le *faux* de toute nature (fausse monnaie, faux
en écritures publiques ou privées, etc.), la
rébellion envers l'autorité publique, et toutes
ses modifications, *entraves au libre exercice
des cultes*, le *vagabondage*, etc.

La seconde catégorie, relative aux crimes
et délits *contre les particuliers*, se subdivise
naturellement elle - même en crimes et délits
contre *les personnes*, et en crimes et délits
contre *les propriétés*.

Dans la première classe se présentent, en
premier lieu, *l'homicide* et toutes ses modifications, les *coups* et *blessures*, la *diffamation*, etc......

Dans la seconde classe se présentent le *vol*
et toutes ses espèces, l'*escroquerie*, la *banque-
route*, les *destructions*, *dégradations*, *dommages*, etc.

Quoique la loi ne fasse pas cette division pour les simples *contraventions*, dont elle fait seulement trois classes suivant leur *gravité*, et pour déterminer la pénalité, peut-être pourrait-on l'y retrouver : ainsi, par exemple, l'action de *tirer des pièces d'artifice* dans les lieux défendus, celle *d'embarrasser la voie publique*, etc., sont évidemment des contraventions dirigées *contre la chose ou l'ordre public*, tandis que celles de *cueillir ou de manger sur les lieux mêmes des fruits appartenant à autrui*, ou de *proférer* contre autrui des *injures* non qualifiées délits par l'absence de publicité, etc. (*Voy*. Code pénal, art. 471), sont au contraire évidemment des contraventions dirigées *contre les particuliers*.

Dans l'impossibilité de parcourir ici la longue et pénible nomenclature de tous les crimes, délits ou contraventions, et des peines qui leur sont applicables, pour lesquelles il faut nécessairement renvoyer au texte de la loi elle-même, nous rappellerons seulement parmi ceux qui sont dirigés *contre les particuliers* ceux qui sont les plus ordinaires, c'est-à-dire l'*homicide*, les *coups et blessures*, la *diffamation* et le *vol*.

L'*homicide*, des deux mots latins *cædere hominem*, est l'action de donner la mort à autrui.

Quand cet acte a eu lieu *volontairement*, la loi l'appelle *meurtre ;*

Quand, de plus, il a été précédé de *préméditation* ou *guet-apens*, la loi le nomme *assassinat ;*

Quand il a eu lieu sur des *ascendans légitimes* ou *naturels*, c'est un *parricide ;*

Quand il a eu lieu sur un *enfant nouveau-né*, c'est un *infanticide*.

Enfin, quand le meurtre a eu lieu à l'aide de substances vénéneuses, la loi le qualifie *d'empoisonnement*.

Ces dénominations sont loin d'être insignifiantes.

Le *parricide*, le plus grave des crimes d'homicide, est puni de la peine capitale, avec une aggravation déterminée par l'art. 13 du Code pénal. — La même peine est applicable au crime de lèse-majesté dirigé contre la vie du Roi. (Code pénal, art. 86).

L'*assassinat*, l'*infanticide* et l'*empoisonnement* sont aussi punis de mort. (Code pénal, art. 302).

Une loi nouvelle a pourtant permis, suivant les circonstances, de modifier la peine de l'in-

fanticide en celle des *travaux forcés à perpé-*
tuité. Voy. loi du 25 juin 1824.

Enfin, le *meurtre* simple est en général puni
des *travaux forcés à perpétuité;* mais, 1.º il
est puni comme *l'assassinat*, s'il a précédé,
accompagné ou suivi un autre crime ou délit
(Code pénal, art. 304); il est puni, au contraire, de peines moins graves que les travaux perpétuels, s'il y a des circonstances *ex-*
cusantes ou atténuantes déterminées par la loi,
et dont il sera question dans le chapitre suivant.
Voy. Code pénal, art. 321 et suivans.

Ces circonstances *excusantes* ou atténuantes
peuvent aussi être invoquées pour faire diminuer la peine infligée aux *coups et blessures.*
Voy. Code pénal, art. 321 et suivans.

Une loi du 17 mai 1819, qui a modifié ou
changé les dispositions du Code pénal, sur la
calomnie, définit ainsi la diffamation : « *toute*
» allégation ou imputation d'un *fait* qui porte
» atteinte à l'honneur ou à la considération
» de la personne ou du corps auquel le fait est
» imputé ». *Voy.* art. 13.

La loi punit ensuite la *diffamation* de peines
plus ou moins graves, suivant les personnes
ou corps auxquels elle s'adresse, et suivant la
publicité de l'imputation.

La loi définit le *vol*, l'action de *soustraire fraduleusement la chose* d'autrui. *Voy*. Code pénal, art. 379.

Et le vol est puni de peines plus ou moins fortes, quelquefois de peines *correctionnelles*, quelquefois de peines *criminelles* et même de la peine capitale, suivant les circonstances qui l'entourent, ou l'heure, ou le *lieu* où il a été fait, ou même la *nature de l'objet volé*, ou la *qualité* des personnes. Les principales circonstances aggravantes du vol sont d'avoir été commis *par plusieurs personnes*, d'avoir été *porteur d'armes*, *l'escalade*, *l'effraction*, l'emploi de *fausses clefs*, la *violence* ou *menace de violence*, la *domesticité* ou ce qui y est, en quelque sorte, assimilé. *Voy*. Code pénal, art. 381 et suivans.

Sous le rapport de *l'heure*, c'est d'avoir été commis de *nuit ;*

Sous le rapport du *lieu*, c'est d'avoir été commis dans un *chemin public*, dans une *maison habitée*, ou dans un *édifice religieux*. *Voy*. Code pénal, art. 381 et suivans, et loi du 20 avril 1825.

La nature de l'objet volé (comme un vase consacré au culte) peut aussi faire aggraver la peine. *Voy*. même loi.

Nous allons développer un peu plus quelques-
unes de ces circonstances aggravantes ou atténuantes dans le chapitre suivant.

CHAPITRE II.

Des circonstances aggravantes ou atté-
nuantes.

§. I.er

Des circonstances aggravantes.

PARMI les circonstances aggravantes indiquées par la loi et dont il a été question au
chapitre précédent, il en est quelques-unes
qui ont besoin d'être bien caractérisées et bien
définies, parce qu'en matière criminelle tout
est de rigueur, et rien ne doit être abandonné
à l'interprétation.

Ainsi,

1.º La *préméditation* qui change le simple
meurtre en *assassinat*, et qui aggrave la peine
des *coups* et *blessures*, « consiste (dit l'art. 297
» du Code pénal) dans le dessein formé, avant
» l'action, d'attenter à la personne d'un indi-
» vidu déterminé, ou même de celui qui sera
» trouvé ou rencontré, quand même ce des-

» sein serait dépendant de quelque circon-
» stance ou de quelque condition ».

2.º Le guet-apens, qui produit le même effet,
« consiste (porte l'article suivant) à attendre
» plus ou moins de temps, dans un ou divers
» lieux, un individu, soit pour lui donner la
» mort, soit pour exercer sur lui des actes
» de violence ».

Parmi les circonstances aggravantes en matière de *vol*, celles qui ont besoin d'être définies sont :

1.º *L'escalade;*

« Est qualifiée *escalade* (dit l'art. 397 du
» Code pénal) toute entrée dans les maisons,
» bâtimens, cours, basses-cours, édifices quel-
» conques, jardins, parcs et enclos, exécutée
» par-dessus les murs, portes, toitures ou toute
» autre clôture ».

« L'entrée par une ouverture souterraine
» (continue l'article), autre que celle qui a
» été établie pour servir d'entrée, est une cir-
» constance de même gravité que l'escalade » ;

2.º L'effraction;

« Est qualifié effraction (porte l'art. 393)
» tout forcement, rupture, dégradation, en-
» lèvement de murs, toits, planchers, portes,
» fenêtres, serrures, cadenas, ou autres usten-

» siles ou instrumens servant à fermer ou à
» empêcher le passage, et de toute espèce de
» clôture, quelle qu'elle soit. »

La loi distingue ensuite l'effraction en *exté-
rieure* et *intérieure.*

La première est celle qui a pour but d'en-
trer dans les maisons, cours, etc. ; la seconde
est celle qui a lieu ensuite dans l'intérieur ou
sur les meubles enlevés.

3.° La loi qualifie de *fausses clefs* tout instrument ou ustensile employé par le coupable à
ouvrir une serrure, et qui n'y était pas destiné
par les personnes qui avaient le droit de le faire
(*voy*. art. 398); et cette circonstance est aussi
une circonstance aggravante du crime ou délit
de *vol.*

4.° Une autre circonstance aggravante, qui
est commune aux *contraventions*, *délits* et
crimes, à la différence des précédentes qui sont
étrangères aux simples *contraventions*, c'est la
récidive qui suppose la persévérance dans le
mal, après les avertissemens de la justice, et
par conséquent une intention plus criminelle.

Nous disons *après les avertissemens de la justice*, car, si bien le mot *récidive*, pris dans son
acception ordinaire, et comme l'indique son
étymologie (*rursus cadere*), peut s'appliquer

à l'action de quiconque retombe dans un délit qu'il a déjà commis, la loi pourtant ne l'entend pas ainsi.

Pour qu'il y ait *récidive* à ses yeux, et aggravation de la peine, il faut qu'il y ait eu *condamnation* pour le premier fait *avant* que le second ait eu lieu. *Voy*. Code pénal, art. 56, 57, 58 et 483.

Il y a même plus, et pour les contraventions, il faut que le premier jugement ait eu lieu,

1.° Pour *contravention;*

2.° Que la première contravention ait été commise *dans le ressort du même tribunal* que la seconde ;

3.° Que le premier jugement n'ait pas précédé de plus de *douze mois* la seconde contravention. Code pénal, même art. 483.

Non-seulement la circonstance seule d'avoir commis un premier délit ne constitue pas en *récidive légale* par rapport au second ; mais *encore* (ainsi qu'on l'a vu) celui qui est poursuivi pour plusieurs délits en même temps ou successivement, ne peut pas être condamné pour chacun d'eux, mais seulement pour le plus grave d'entr'eux. *Voy*. Code d'instr., art. 365 et 379.

§. II.

§. II.

Des circonstances atténuantes ou excusantes.

En général, on ne doit admettre d'excuses ou de modération des peines que dans les cas spécialement déterminés par la loi. Dans les autres cas, c'est assez que souvent le juge ait à choisir entre un *minimum* et un *maximum* dans la *durée* de la peine, ou même qu'il ait le droit d'appliquer plusieurs peines ou de n'en appliquer qu'une. *Voy*. Code pénal, art. 401, 480, etc.

Les excuses admises par la loi sont relatives aux *circonstances même du fait*, ou à *l'âge du prévenu*.

PREMIÈRE DIVISION.

Excuses fondées sur les circonstances du fait.

Quant aux circonstances du *fait lui-même*, la loi caractérise comme *excuse*, relativement au *meurtre* et aux *coups et blessures*, 1.° le cas où le prévenu a été *provoqué par coups ou violences graves envers sa personne;*

2.° Celui où il n'a commis le *meurtre*, donné les *coups* ou fait *blessures*, « qu'en repoussant,

» pendant le jour, l'escalade ou l'effraction des
» clôtures, murs ou entrées d'une maison ou
» d'un appartement habité ou de leurs dépen-
» dances. » *Voy*. Code pénal, art. 321 et 322.

Mais ces dispositions ne sont pas applicables
au *parricide* : de pareilles circonstances ne peuvent pas être invoquées à son égard. Code pénal, art. 323.

Et quant au *meurtre* entre époux, il faut,
pour qu'il y ait *excuse*, les circonstances indiquées dans l'art. 324 du Code pénal.

Si, au lieu d'une simple *provocation*, l'ho-
micide, les *coups* ou *blessures* étaient le résultat de la *nécessité actuelle de la légitime défense
de soi-même ou d'autrui*, il n'y aurait *ni crime
ni délit*. Code pénal, art. 328.

Il en serait de même,

1.° Si *l'escalade* ou *l'effraction* dont il est
question dans l'art. 322, et qui a été ci-dessus
rappelée, avait eu lieu *pendant la nuit;*

2.° Si le fait a eu lieu en se défendant contre
» les auteurs de vols ou de pillages exécutés avec
» violence. » Code pénal, art. 329 ;

3.° Si *l'homicide, les coups ou blessures étaient*
ordonnés par la loi et *commandés par l'autorité*
légitime. Code pénal, art. 327.

Il semble aussi, d'après une des premières règles qui ont été rappelées plus haut, que, sans *volonté*, l'homicide, les coups ou blessures ne peuvent présenter ni *crime*, ni *délit*.

Mais, dans une matière aussi grave (et par respect pour la vie des hommes), la loi punit même la simple *imprudence* ou *négligence*; mais alors la peine est infiniment réduite, et peut descendre jusqu'à six jours de prison. *Voy.* Code pénal, art. 319 et 320.

En matière d'*injures verbales*, la *provocation* (dont la loi, dans ce cas, ne détermine pas les caractères) détruit aussi quelquefois la criminalité. *Voy.* Code pénal, art. 471, n.° 11.

Enfin, la loi, en matière *correctionnelle*, permet quelquefois au juge de réduire l'emprisonnement ou l'amende à un taux très-léger, à raison des circonstances dont elle laisse pleinement, en ce cas, l'appréciation au magistrat, savoir : quand le préjudice souffert n'excède pas 25 *fr. Voy.* Code pénal, art. 463.

Et une loi du 25 juin 1824, qui a modifié quelques articles du Code pénal, a une disposition semblable (c'est-à-dire qui permet de modifier la peine) pour quelques cas qu'elle détermine, entr'autres pour *l'infanticide* (ainsi qu'on l'a vu plus haut) et pour les vols sur les *chemins publics*, ou avec *escalade* ou effraction.

Mais alors l'art. 463 du Code pénal, dont nous venons de parler, n'est plus applicable, c'est-à-dire qu'on ne peut plus réduire encore la peine, à raison de la minimité du dommage. *Voy.* art. 11 de la même loi.

SECONDE DIVISION.

Des circonstances atténuantes fondées sur l'âge du prévenu.

Quant à l'*âge* du prévenu, la loi considère l'extrême *jeunesse* et la *caducité.*

Sous le premier rapport, si l'individu a moins de *seize ans*, et qu'il soit décidé qu'il a agi *sans discernement*, la loi (pour absence de *volonté*) le déclare absout, sauf des mesures de correction qui peuvent être prises. Code pénal, art. 66.

Si, au contraire, il est décidé qu'il a agi *avec discernement*, alors, à raison de son âge, le coupable est puni de peines moins fortes que s'il eût été plus âgé.

Ainsi, par exemple, la peine capitale et les peines perpétuelles sont remplacées par un *em-*

prisonnément correctionnel de dix à vingt ans ; et, dans aucun cas, le condamné ne subit l'*ex-position*, ni, à plus forte raison, la *marque.* Code pénal, art. 67 et 68.

Sous le rapport de la *caducité*, la loi (par humanité) substitue la peine de la *réclusion* à celles des *travaux forcés* et de la *déportation* pour les coupables parvenus à leur 70.e année accomplie au moment de leur jugement.

La même substitution a lieu, de plein droit, pour les coupables qui parviennent au même âge, après leur condamnation, pour ce qui leur reste alors à subir de leur peine. Code pénal, art. 70, 71, 72.

Les règles qui viennent d'être rappelées sont extraites sur-tout du Code pénal, qui est la loi générale en matière criminelle ; mais l'art. 484, ou dernier de ce Code, porte que, « Dans toutes » les matières qui n'ont pas été réglées par *ce* » *Code*, et qui sont régies par des lois et des » réglemens particuliers, les cours et les tribu- » naux continueront de les observer. »

Ainsi, d'après cette disposition (qui, au reste, était de droit commun, en vertu de la maxime *per speciem derogatur generi*), on a dû suivre même postérieurement au Code pénal de 1810, les lois spéciales qui avaient statué sur des objets particuliers non réglés par lui.

Les principales sont :

1.º L'ordonnance de 1669, sur les délits forestiers, et quelques lois postérieures qui y avaient dérogé jusqu'à ce que le tout ait été remplacé par la loi du 21 mai 1827 sur le *régime forestier* ou *Code forestier;*

2.º Le *Code pénal maritime* du 27 octobre 1790, et les décrets des 22 juillet et 12 novembre 1806, qui l'avaient modifié;

3.º La loi du 19 septembre 1791, ou *Code pénal militaire*, et les lois des 13 et 21 brumaire an 5 et 18 vendémiaire an 6, qui l'avaient aussi modifié (jusqu'à ce qu'on les modifie à leur tour);

4.º La loi du 6 octobre 1791, sur la police rurale, ou *Code rural de* 1791, dont on provoque aussi la révision et le complément;

5.º La loi du 30 avril 1790 et le décret du 4 mai 1812, sur la chasse, et les lois des 14 floréal an 10, 14 floréal an 11, et quelques dispositions de l'ordonnance de 1669 sur la pêche;

6.º Toutes les lois relatives aux délits en matière de contributions indirectes, douanes, octrois, etc.

A plus forte raison, soit d'après le même
motif, soit d'après la maxime *posteriora dero-*
gant prioribus, doit-on suivre, même préfé-
rablement au Code, dans les parties où il pourrait y avoir opposition, les lois qui sont survenues postérieurement à sa promulgation ;

Telles sont, entr'autres :

1.º La loi du 18 novembre 1814, sur la cé-
lébration des fêtes et dimanches ;

2.º Les lois des 17 mai 1819, 17 et 25
mars 1822, sur les délits de la presse et autres
voies de publication, modifiant entr'autres plusieurs dispositions du Code pénal, et particulièrement les art. 367 et suivans ;

3.º La loi du 25 juin 1824, portant d'autres
modifications à diverses dispositions du Code
pénal qu'elle est destinée à adoucir, particulièrement en ce qui concerne le crime d'infanticide, et divers vols avec circonstances aggravantes, comme on l'a dit plus haut ;

4.º La loi sur le *sacrilége* du 20 avril 1825 ;
celles des 10 avril même année et 25 avril
1827, sur la *piraterie* et la *traite des noirs*,
et celle, enfin (déjà rappelée), du 21 mai 1827,
sur le régime forestier, etc.

Quelle que soit la loi qui statue sur un délit,

comme elle a pour but de punir le coupable
afin d'effrayer ceux qui seraient tentés de l'imi-
ter, elle donne nécessairement lieu à une action qu'on appelle *publique*, parce qu'elle a
pour but un *intérêt public*.

Et, d'un autre côté, comme le délit cause
presque toujours un dommage à quelqu'un ; et
que l'art. 1383 du Code civil, qui n'est que
l'expression d'un principe de droit naturel,
déclare que « chacun est responsable du dom-
» mage qu'il a causé, non-seulement par son
» fait, mais encore par sa négligence ou par
» son imprudence », le délit donne souvent
lieu aussi à une action en faveur de celui qui
a souffert du dommage, et que l'on appelle
action civile, parce qu'elle a pour but un *intérêt civil ou privé*.

Ces deux actions vont être l'objet des deux
chapitres suivans.

CHAPITRE III.

De l'action publique.

L'ACTION *publique* (ou *criminelle*), ainsi
qu'on l'a dit, est celle qui a pour but de punir
le crime dans l'intérêt de l'ordre social.

Chez les Romains, où l'on distinguait les crimes en crimes *publics* et en crimes *privés*, suivant qu'ils attaquaient plus directement l'intérêt public ou l'intérêt privé, l'action pour les derniers (crimes privés) n'appartenait qu'aux parties lésées ; mais pour les autres, elle appartenait à tous les citoyens, *cuilibet è populo*.

Seulement, en cas de concurrence entre plusieurs accusateurs, le préteur choisissait celui qui lui paraissait le plus propre à soutenir l'accusation, et les autres étaient écartés.

Mais en France, depuis l'établissement de cette institution que Montesquieu appelait *admirable*, depuis l'institution du ministère public, c'est toujours à lui que l'action *publique* a appartenu comme agissant au nom du Prince gardien de l'ordre social.

Nous dirons plus tard comment et dans quel ordre hiérarchique les différens officiers du ministère public peuvent exercer cette action publique.

En l'état, nous nous contentons de rappeler cette vérité que, dans notre législation, c'est au ministère public seul qu'appartient, en général, l'action publique ou criminelle : c'est ce qu'énonce sur-tout l'art. 1.er du Code d'instruction criminelle.

Elle lui appartient même d'une manière tout-à-fait indépendante, et sans qu'il ait besoin d'être mis en mouvement par la plainte ou la réclamation de la partie lésée, et sans qu'il puisse être paralysé par la transaction des parties sur leurs intérêts privés. Code d'instr., art. 4; Code civil, art. 2046.

Ces derniers principes reçoivent pourtant quelques exceptions; ces exceptions sont surtout relatives aux objets suivans :

1.º Crime commis hors du territoire français par un Français contre un Français, dans le cas où il peut être puni en France d'après l'art. 7 du Code d'instruction criminelle, déjà rappelé plus haut sous un autre rapport;

2.º La chasse sur le terrain d'autrui, sans autre circonstance qui emporte infraction à une loi d'ordre public. *Voy*. loi du 30 avril 1790;

3.º La pêche dans les eaux privées d'autrui (avec les mêmes conditions). *Voy.* Répertoire, *v.º Pêche*, sect. 1.ʳᵉ, §. 2, n.º 12; Legraverend, t. 1.ᵉʳ, pag. 52;

4.º Le délit d'adultère : et même après la condamnation, le mari reste encore le maître d'anéantir l'effet du jugement *en consentant à reprendre sa femme*. C'est une espèce de droit de *grâce* que la loi lui accorde. *Voy*. Code pénal, art. 336-339 ;

5.º L'enlèvement, quand le ravisseur a épousé la fille enlevée. Code pénal, art. 357 ;

6.º La plupart des délits de diffamation et d'injures, d'après les lois des 17 et 26 mai 1819, et 25 mars 1822 ;

7.º Les délits des fournisseurs d'armées dans les entreprises dont ils se sont chargés. *Voy*. Code pénal, art. 433.

Dans ces divers cas, le ministère public ne peut agir que sur la plainte des particuliers qui souffrent du délit, et dans le dernier que sur la dénonciation du Gouvernement.

Mais cette plainte une fois portée, l'action du ministère public lui est acquise et ne peut lui être enlevée par aucune rétractation, excepté en cas d'adultère, si le mari *consent à reprendre sa femme.*

Car, en vertu de la maxime *qui peut le plus peut le moins,* puisqu'il peut, par-là, anéantir l'effet d'un jugement *rendu,* à plus forte raison peut-il empêcher qu'on *ne rende* ce jugement. *Voy*. Legraverend, t. 1.er, pag. 45, et Bourguignon, sur l'art. 1.er du Code d'instruction criminelle.

Au reste, de quelque manière que l'action publique appartienne au ministère public, soit qu'elle lui appartienne *proprio motu* et sans provocation, ou seulement avec et par la provocation de la partie lésée, elle n'est pas tellement sa propriété, qu'après avoir saisi le tribunal de la connaissance d'un délit, il puisse paralyser sa décision par un désistement, comme pourrait le faire un particulier qui aurait exercé une simple action civile.

Malgré ce désistement ou le refus de conclure du ministère public, comme malgré ses conclusions à l'absolution, si le délit était constant aux yeux du tribunal, il n'en pourrait pas moins, et n'en devrait pas moins prononcer la peine infligée par la loi. *Voy*. Répertoire, *v*.° *Pêche*, sect. 1.re, §. 2, et arrêt de la Cour de cassation *ibid*.

Cependant, s'il y avait un jugement de première instance, et que le ministère public n'en appelât pas dans l'intérêt public, par suite, sans doute, de la présomption de la chose jugée, le tribunal supérieur ne pourrait prononcer aucune peine non prononcée par le tribunal inférieur, malgré toutes les convictions contraires.

Au reste, si nous avons dit que l'action publique appartient, *en général*, exclusivement au ministère public, ce principe n'est pourtant rigoureusement vrai que dans le dernier cas dont nous venons de parler, et au *grand criminel*, c'est-à-dire pour les accusations à porter aux cours d'assises. Là aucune accusation ne peut avoir lieu, si elle n'est mue par le ministère public, d'après un arrêt préalable de mise en accusation.

Mais, pour les simples *délits* et pour les *contraventions* que nous appelons ici le *petit criminel*, l'on admet que lors même que le tribunal n'est saisi du fait que sur la réclamation du particulier lésé dans son intérêt privé, c'est-à-dire comme exerçant l'action privée ou *civile* dont nous parlerons tout-à-l'heure, si cette plainte a été communiquée au ministère public, quand même celui-ci ne conclurait pas à l'application de la peine, si néanmoins le tribunal est convaincu de la culpabilité, il n'en peut pas moins prononcer la peine déterminée par la loi ; ce qui peut sur-tout se déduire des art. 1, 2, 3, 161, 182 et 189 du Code d'instruction criminelle, ainsi que l'a particulièrement expliqué un arrêt de la cour de cassation du 27 mai 1811, rapporté au Réper-

toire, *v.*° *Pêche , loco citato,* et les conclusions qui le précèdent. *Voy.* aussi Legraverend, t. 1.ᵉʳ, pag. 55.

. La loi autorise aussi les cours royales (chambres d'accusation et chambres assemblées) à
ordonner *d'office* des poursuites dans toute
espèce d'affaires, même *à se faire apporter les
pièces , informer ou faire informer , et statuer
ensuite ce qu'il appartiendra. Voy.* Code d'instruction , art. 235, et loi du 20 avril 1810,
art. 11.

. C'est là , comme on le voit, une garantie
contre la négligence ou l'oubli de ses devoirs
que pourrait montrer le ministère public.

Celui-ci, au reste, n'est point obligé, indistinctement et rigoureusement, de poursuivre
toute espèce de délits, lors sur-tout que le fait
est peu important, et déjà ancien ou peu connu,
et que la poursuite présenterait plus d'incon-
véniens que le silence, et n'aurait guère pour
résultat que de constituer l'Etat en frais ; alors
le bien public lui-même et la sagesse doivent
lui prescrire l'inaction : en un mot, le plus
grand bien sous le rapport de l'intérêt et de
l'ordre public, tel doit toujours être le guide
du ministère public, sauf ses avis à donner et

ses réquisitions à faire de la part des supérieurs aux inférieurs dans l'ordre hiérarchique.

CHAPITRE IV.

De l'action civile.

L'action *civile* est celle qui tend à la réparation du dommage causé.

Elle est fondée, ainsi qu'on l'a déjà dit, sur l'art. 1383 et suivans du Code civil qui obligent quiconque cause à autrui, par son *fait*, sa *négligence* ou son *imprudence*, un tort quelconque, à le réparer.

Elle appartient exclusivement à celui ou à ceux qui ont souffert du délit directement ou indirectement, sauf à être exercée par ceux qui les représentent comme toute autre action civile, par exemple, par un tuteur au nom de son mineur, par un héritier au nom de son auteur.

Elle leur appartient d'une manière tellement indépendante et exclusive, que s'ils ne s'exercent pas, aucuns dommages ne peuvent être accordés, quand même l'action publique aurait été intentée : et cette règle ne souffre absolument aucune exception ; tellement que celui à qui elle appartient peut, non-seulement ne pas l'intenter, mais, après l'avoir intentée, la rétracter ou s'en désister, et par ce désistement, paralyser la juridiction civile, à la différence de l'action publique, qui, une fois intentée, ne peut pas être rétractée de manière à arrêter l'action de la justice répressive.

Et de là la disposition de l'art. 2046 du Code civil, qui porte :

« On ne peut transiger sur l'intérêt civil qui » résulte d'un délit... »; principe qui ne reçoit de modification que par l'art. 249 du Code de procédure civile, qui, pour le cas d'une poursuite en faux incident, déclare, non pas qu'une transaction ne pourra pas *avoir lieu* entre les parties sur les intérêts civils, mais qu'elle ne pourra pas être *exécutée* sans l'*homologation* ou approbation de la justice, après qu'elle aura été communiquée au ministère public, et qui ajoute que le ministère public pourra faire *telles réquisitions* qu'il jugera à propos, comme pour constater encore que cette transaction ne peut pas arrêter l'action publique qui lui appartient, ainsi que le porte l'art. 4 du Code d'instruction criminelle, déjà cité.

Ainsi, en général, indépendance complète
de

de l'action civile à l'égard de l'action criminelle, comme il y a aussi, en général, indépendance de l'action criminelle à l'égard de l'action civile.

Cependant, quand nous nous occuperons de la procédure criminelle, nous verrons quelques cas où l'action *civile* ne peut pas être jugée jusqu'à ce qu'il ait été statué sur l'action *criminelle ;* ce qu'on exprime par ces termes : *Le criminel tient le civil en l'état :*

Et nous verrons aussi quelques cas où l'action *criminelle* ne peut pas être jugée jusqu'à ce qu'on ait statué sur une question *civile* relative au même fait, et qui en est, en quelque sorte, *préjudicielle ;* ce qu'on exprime par cette maxime corrélative à la précédente : *Le civil tient le criminel en l'état.*

L'action *civile*, au reste (à la différence de l'action *criminelle*, qui ne peut être dirigée que contre les auteurs ou complices des délits *personnellement*), peut être intentée, non-seulement contre l'auteur ou complice direct du fait dommageable, mais encore contre ceux qu'une disposition quelconque de la loi en déclare responsables civilement.

Voy., pour exemples de responsabilité civile, Code civil, art. 1384 et 1953 ; Code pénal, art. 73 ; Code rural de 1791, tit. 2,

4

art. 7; *voy.* aussi loi du 10 vendémiaire an 4, tit. 4, art. 1.er, relative aux délits commis à force ouverte par un attroupement dans une commune, etc.

Cette responsabilité, au reste, comme on vient de l'indiquer, ne peut embrasser que ce qui peut être la matière *de l'action civile*, sauf quelquefois pour de simples *amendes ;* ce qui se présente sur-tout en matière fiscale, quand la loi la déclare spécialement.

CHAPITRE V.

De la complicité.

On appelle quelquefois *complices* ceux qui ont commis le crime ensemble, en y coopérant directement, et qui en sont, pour parler plus exactement, les *coauteurs ;* et cette circonstance est même quelquefois une circonstance aggravante de la peine, comme en matière de vol, d'après les art. 381 et suivans du Code pénal, comme en matière de *rébellion*, quand le nombre des coupables excède celui de vingt personnes, d'après l'art. 210 du même Code, etc.

Dans ces cas, il est bien évident que la même

peine est applicable à chacun des coupables, et cette complicité peut avoir lieu pour les simples *contraventions*, comme pour les *délits* et les *crimes*.

Mais il y a une autre complicité que celle dont nous venons de parler.

Cette autre complicité, qui est même la complicité proprement dite, la complicité légale, ne s'applique qu'aux *délits* et aux *crimes*. Argument du Code pénal, art. 59 et suivans.

Il n'en est pas question au titre des *Contraventions*.

Elle peut résulter de faits qui se sont passés, soit avant le crime, soit au moment du crime, soit après le crime ; et l'on peut la définir, d'après M. Legraverend (tom. 1.er, pag. 108), *l'action de celui qui a participé à la prépara-tion, à l'exécution ou à la consommation d'un crime*.

En effet, cela résulte des faits même déter-minés par les art. 60, 61 et 62 du Code pénal, pour constituer la complicité.

L'art. 60 porte d'abord, en effet : « Seront » punis comme complices d'une action qualifiée » crime ou délit, ceux qui, par dons, pro-» messes, menaces, abus d'autorité ou de pou-» voir, machinations ou artifices coupables,

» auront provoqué à cette action, ou donné
» des instructions pour la commettre;

    » Ceux qui auront procuré des armes, des
» instrumens, ou tout autre moyen qui aura
» servi à l'action, sachant qu'ils devaient y
» servir ;

    » Ceux qui auront, avec connaissance, aidé
» ou assisté l'auteur ou les auteurs de l'action,
» dans les faits qui l'auront préparée ou faci-
» litée..... »

Tout cela est relatif à des faits qui ont *précédé* le crime.

La loi ajoute (même art. 60) : « Seront éga-
» lement punis comme complices ceux qui au-
» ront, avec connaissance, aidé ou assisté l'au-
» teur ou les auteurs de l'action, dans les faits
» qui l'auront.... *consommée.* »

Ceci se rapporte à des faits qui ont lieu au
moment même du crime.

Enfin, l'art. 62 punit aussi comme complices
« ceux qui, sciemment, auront recélé, en tout
» ou en partie, des choses enlevées, détournées
» ou obtenues à l'aide d'un crime ou d'un dé-
» lit. »

Ceci se rapporte à des faits *postérieurs* au
crime.

L'art. 61 va plus loin, et punit comme com-

plices « ceux qui, connaissant la conduite cri-
» minelle des malfaiteurs exerçant des brigan-
» dages ou des violences contre la sûreté de
» l'Etat, la paix publique, les personnes ou les
» propriétés, leur fournissent habituellement
» logement, lieu de retraite ou de réunion. »

Ceci peut se rapporter à des faits qui sont ou
antérieurs ou *postérieurs* au crime.

Il faut bien remarquer, au reste, qu'il ne
peut y avoir de complicité, telle que la loi l'entend ici, qu'autant que l'un ou plusieurs des caractères qu'elle a pris soin de déterminer sont
déclarés constans.

En général, les complices sont punis de la
même peine que les auteurs directs du crime ou
du délit. Code pénal, art. 59.

Mais il y a exception en faveur des complices
par *recélé*, toutes les fois qu'il s'agit de la peine
capitale, des travaux forcés à perpétuité, ou de
la déportation, et qu'ils n'auront pas eu connaissance, au temps du recélé, des circonstances
auxquelles la loi attache ces peines. Code pénal,
art. 63.

Dans ces cas, les complices ne subiront que
la peine des *travaux forcés à temps*. Même
art. 63.

Il arrive, au reste, quelquefois que le complice est puni, lors même que l'auteur direct du fait ne l'est pas, ce qui pourrait arriver au complice d'un mineur au-dessous de seize ans, si celui-ci est déclaré avoir agi *sans discernement*. Code pénal, art. 66.

A plus forte raison peut-il arriver que le complice soit condamné à une peine *plus forte* que le coupable lui-même; ce qui aurait lieu dans le cas ci-dessus, si le mineur était déclaré avoir agi *avec discernement*; et ce qui aurait lieu aussi en matière de provocation ou subornation de faux témoignage, ce qu'on peut regarder comme une espèce de complicité. *Voy.* Code pénal, art. 365.

Et quand nous avons dit qu'*en général*, le complice doit être puni de la *même peine* que l'auteur du fait, cela doit s'entendre en ce sens qu'il doit être puni de la même peine qui est infligée à l'auteur du fait, à raison du crime *en lui-même*, ou des circonstances *du crime*, mais non à raison de circonstances qui seraient purement *personnelles* à l'auteur du crime, et qui tendraient à augmenter ou à diminuer, ou même à anéantir tout-à-fait la peine vis-à-vis de l'auteur principal. Ainsi, par exemple, le complice d'un homme en *récidive* ne serait pas puni à raison de cette récidive qui lui est étrangère, et qui est tout-à-fait *personnelle* à l'autre accusé.

Voy. Legraverend, tom. 1.ᵉʳ, pag. 122, et arrêt de cassation, *ibid*.

Au reste, quoiqu'il soit vrai de dire qu'il n'y a point de *complice*, sans un *auteur principal*, cela ne veut pas dire qu'on ne puisse pas punir le complice, sans que l'auteur principal soit poursuivi et puni en même temps. Celui-ci pourrait être inconnu, que le complice, s'il est connu, n'en doit pas moins être puni. (*Voy*. Répertoire, *v*.° *Complice*, n.ᵒˢ 3 et 4, et arrêts et autorités cités *ibid*.)

CHAPITRE VI.

De la tentative.

Jusqu'à présent nous avons supposé que le crime, puni par la loi, avait été *consommé;* mais on conçoit que, lors même que le criminel a été arrêté dans l'exécution de son crime par un évènement de force majeure, ou par un fait quelconque indépendant de sa volonté; lors, en un mot, qu'il a commis le crime autant qu'il a été en lui, il n'en est pas moins coupable et n'en doit pas moins être puni.

Ainsi, par exemple, celui qui emploie une

arme à feu pour donner la mort à quelqu'un,
et qui manque son but, ou qui ne fait que des
blessures, n'en est pas moins coupable que s'il
avait donné la mort.

Nos lois criminelles ont reconnu cette vérité, et en ont fait une application rigoureuse
au moins en matière de *crimes* proprement
dits, en prenant soin de bien définir ce qui constitue les caractères de la *tentative*.

Et de là l'art. 2 de notre Code pénal, ainsi
conçu :

« Toute tentative de *crime* qui aura été ma-
» nifestée par des actes extérieurs, et suivie d'un
» commencement d'exécution, si elle n'a été
» suspendue ou n'a manqué son effet que par
» des circonstances fortuites ou indépendantes
» de la volonté de l'auteur, est considérée
» comme le *crime* même. »

Mais comme les simples délits ne portent
pas à l'ordre social une atteinte aussi grave, la
loi s'est relâchée à leur égard d'une sévérité
aussi grande : elle déclare (art. 3 du Code
pénal) que « Les tentatives de délits ne sont
» considérées comme délits, que dans les cas
» déterminés par une disposition spéciale de
» la loi ».

Ainsi, par exemple, d'après l'art. 179 du

Code pénal, la *tentative* de corruption d'un fonctionnaire public est quelquefois punie comme la corruption même.

Quant aux simples *contraventions*, la loi ne punit nulle part la tentative. Ce mot même ne se trouve pas prononcé au titre des *Contraventions*.

Toutes les fois, au reste, que la tentative d'un délit ou d'un crime doit être *considérée comme le crime même* ou *comme le délit*, il est bien clair que le complice de cette *tentative* doit être puni comme le complice du *délit* ou du *crime* lui-même. Cela résulte du texte même de l'art. 59 du Code pénal, rappelé ci-dessus au chapitre de la *complicité*, rapproché des textes ci-dessus. *Voy.* aussi M. Legraverend, t. 1.er, pag. 97, et Répertoire *h. v.*

Au reste, quelle que soit la généralité des termes de l'art. 2 du Code pénal, qui punit la *tentative* du crime comme le *crime lui-même*, quand tous les caractères voulus par la loi se rencontrent, ce principe reçoit cependant de quelques dispositions spéciales de la loi certaines exceptions.

Ainsi, par exemple, il résulte de l'art. 317

du Code pénal que la *tentative* d'avortement, non-seulement de la part de la femme, mais encore de la part des médecins, chirurgiens ou officiers de santé qui en auraient fourni les moyens, n'est punissable qu'autant que *l'avortement s'en est suivi.*

Ainsi encore, il paraîtrait résulter des dispositions de l'art. 365 du même Code, que la tentative de subornation de témoins n'est punissable que lorsque le faux témoignage a eu lieu; ou plutôt on ne reconnaîtrait pas de crime de *tentative* de subornation de témoins, mais seulement de crime de *subornation;*

Et l'on doit même remarquer que la *subornation* de témoins est punie plus sévèrement que le *faux témoignage* lui-même. Même art. 365.

CHAPITRE VII.

De l'extinction des actions publique et civile.

Tout délit, avons-nous dit, peut donner lieu à une action *publique*, et tout délit *dommageable* peut aussi donner lieu à une action *civile.*

L'une, comme l'autre, peut être éteinte par

le jugement définitif qui y a statué, parce que, quand on a obtenu une chose, on ne peut pas le demander de nouveau : *Non bis in idem.*

Mais, outre cela, chacune de ces actions peut encore s'éteindre par d'autres moyens qu'il est à propos d'examiner séparément à l'égard de chacune d'elles.

Nous parlerons de l'extinction des *peines* à la fin de la seconde partie, après avoir parlé des jugemens.

§. I.er

De l'extinction de l'action publique.

L'action publique peut s'éteindre par la mort du prévenu, par la prescription, par l'amnistie.

Nous n'ajoutons pas *par la grâce*, parce que la *grâce* supposant un jugement antérieur, s'attache plutôt à la *peine* qu'à l'*action*, et nous en parlerons plus tard en nous occupant de *l'extinction des peines.*

1.º L'action publique s'éteint par la *mort*. Code d'instr., art. 2.

En effet, puisque toute peine, comme nous l'avons dit, est essentiellement *personnelle*, du moment que le prévenu n'existe plus, il n'y a plus de sujet auquel elle puisse s'appliquer, et, par conséquent, l'action pour l'application de cette peine, qui ne peut plus exister, est anéantie.

Et si, à côté de nos responsabilités *civiles*, nous ne connaissons point, en général, de responsabilités *criminelles*, nous ne connaissons pas davantage, en aucun cas, de ces procès bizarres qui se faisaient autrefois au cadavre ou à la mémoire du défunt. *Voy.* ordonnance de 1670, tit. 22.

Ce principe, que *l'action publique s'éteint par la mort du prévenu*, reçoit pourtant peut-être certaines exceptions, sur-tout en matières fiscales, pour de simples amendes, ainsi qu'on l'a déjà remarqué ; mais il faut pour cela une disposition toute particulière de la loi.

On en trouve des exemples dans l'art. 20, tit. 13, de la loi du 22 août 1791, sur les douanes, et dans l'art. 35 d'un décret législatif du 1.er germinal an 13, sur les impôts indirects, qui font peser l'amende sur le *propriétaire* de la marchandise à l'occasion de laquelle le délit a été commis, et par conséquent sur ses héritiers ; et cependant nous avons vu que *l'amende* est qualifiée *peine* par la loi.

Mais peut-être ici pourrait-on la regarder comme une *indemnité* due au Gouvernement, et comme rentrant alors dans les objets de l'action civile, ce qui ne présenterait plus alors une véritable exception.

Peut-être pourrait-on regarder comme une exception plus réelle la peine qui consisterait dans une confiscation (confiscation *spéciale*), laquelle s'attachant à la *chose* plutôt qu'à la *personne*, semble devoir suivre la chose entre quelques mains qu'elle se trouve, ainsi que l'a jugé la cour de cassation par arrêt du 9 prairial an 4. *Voy*. Questions de droit de Merlin, *v.*° *Délit*, §. 1.er

Au reste, quand nous parlons de la mort comme anéantissant l'action publique pour l'application des peines, nous entendons la *mort naturelle* et non point la *mort civile* : les effets de celle-ci sont déterminés par l'art. 25 du Code civil, et ils n'arrêteraient point l'exercice de *l'action publique.*

2.° L'action publique s'éteint par la *prescription*.

Le Code d'instruction criminelle a sur ce

point des dispositions générales qui sont applicables à tous les délits prévus par le Code pénal qui lui est corrélatif.

D'après ces dispositions, il faut distinguer entre les *contraventions,* les *délits* et les *crimes.*

Pour les *crimes,* la prescription est de *dix ans;*

Pour les *délits,* de *trois ans;*

Et pour les *contraventions, d'un an. Voy.* art. 637, 638 et 640.

Ce délai court,

Savoir :

1.º Pour les *crimes,* à compter du *jour où le crime a été commis,* s'il n'y a eu aucunes poursuites; et à compter du *dernier acte* de poursuites, quand il y en a eu; ce qui serait applicable même aux prévenus qui n'auraient pas été compris personnellement dans ces actes de poursuites. *Voy.* art. 637;

2.º Quant aux simples *délits,* le délai court à partir des mêmes époques et avec le même principe. *Voy.* art. 638;

3.º Enfin, quant aux *contraventions,* le délai de la prescription (un an) court également ment du *jour où elle a été commise,* si dans cet intervalle *il n'est point intervenu de con-*

damnation; (et non plus de simples *poursuites* : celles-ci n'arrêteraient pas la prescription);

Et si dans l'intervalle d'une année il était intervenu un jugement de condamnation, il faut distinguer : ou bien ce jugement est en dernier ressort ou non attaqué par appel, et alors, comme tout est fini, il n'y a plus lieu à s'occuper de prescription;

Ou bien ce jugement est tout à la fois en premier ressort et attaqué par la voie de l'appel, et alors la prescription ne court plus que de la notification de cet appel lui-même. *Voyez* art. 640.

Il faut remarquer, au reste, quant aux prescriptions qui courent du jour où un délit a été *commis* (en prenant ce terme dans son acception la plus étendue), qu'il est des infractions qui se continuent pendant un certain temps, et qu'on appelle *délits successifs*, et qui dès-lors sont censées *commises*, sous le rapport de la prescription, le dernier jour où elles ont été continuées.

Ainsi, par exemple, quand il s'agit du crime de détention arbitraire, prévu par l'art. 341 du Code pénal, la prescription ne peut courir que du jour où la détention a cessé, parce que le crime a continué jusque-là.

De même, en cas d'enlèvement ou de rapt. (Code pénal, art. 354 et suiv.);

De même aussi pour le délit *d'habitude d'usure* prévu et puni par la loi du 3 septembre 1807 ;

La prescription ne doit courir que du dernier fait d'usure, ou du moment où la personne enlevée a été rendue à la liberté et à sa famille, à moins qu'avant cette époque la personne enlevée ne fût parvenue à l'âge où l'enlèvement n'est plus regardé par la loi comme un délit. *Voy*. Legraverend, tome 1.er, pag. 72.

Voy. Arrêt cassation, 24 juin 1813, Sirey, tome 17, pag. 346.

Voilà les règles générales sur le délai de la prescription en matière pénale ; mais toutes les fois qu'une loi spéciale a fixé un autre délai pour les délits qu'elle prévoit, ce sont ces règles spéciales qu'il faut suivre pour ces délits. Code d'instr., art. 643.

Ainsi les délits ruraux prévus par la loi du 6 octobre 1791 se prescrivent non par *trois ans*, mais par un simple délai *d'un mois*, parce que telle est la disposition de l'art. 8, tit. 1.er, sect. 7 de cette loi.

Il en est de même pour les délits de *chasse*

sur

sur le terrain d'autrui, d'après une loi. du 30 avril 1790.

Les délits *forestiers* se prescrivent, en général, tantôt par *trois mois*, tantôt par *six mois*, à dater du jour où ils ont été *constatés*, suivant que les prévenus ont été ou non désignés dans les procès-verbaux. *Voy.* Code forestier du 21 mai 1827, art. 185.

Si le délit n'était pas *constaté*, alors on retomberait dans l'application de l'art. 638, et le délit se prescrirait d'après la règle générale, c'est-à-dire par *trois ans* depuis le *délit*. *Voy.* le Commentaire de M. *Baudrillart*, sur le Code forestier, art. 185, et argument de l'art. 187 de la même loi.

Enfin, les délits commis par la *voie de la presse ou tout autre moyen de publication* se prescrivent par *six mois* à dater du *fait de publication*, s'il n'y a pas eu poursuite dans cet intervalle, et par *un an* à dater du dernier acte de poursuite, s'il y a eu poursuite, et cela même à l'égard des individus qui seraient étrangers à ces actes, comme d'après l'art. 637 du Code d'instruction criminelle. *Voy.* loi du 26 mai 1819, art. 29;

3.° L'action publique pour l'application des peines est éteinte par l'*amnistie*.

5

On appelle *amnistie* un acte du souverain qui couvre du voile de l'oubli certains délits spécialement désignés, et qui ne permet plus aux tribunaux d'exercer aucune poursuite contre ceux qui s'en sont rendus coupables. *Voy.* Legraverend, tome 2, page 695.

Du droit de *grâce* et de *commutation des peines* que l'art. 67 de la Charte reconnaît au Roi découle naturellement le droit d'*amnistie;* et ce droit a de tout temps été reconnu en France à la puissance souveraine.

Ce qui paraît sur-tout distinguer l'une de l'autre, la *grâce* et l'*amnistie*, c'est, 1.º que la *grâce* est toujours individuelle et *personnelle*, tandis que l'amnistie embrasse une certaine *masse* de crimes ou délits déterminés, et s'applique à une certaine *masse* d'individus;

2.º La *grâce* suppose toujours un jugement antérieur, et est une simple remise de la *peine*, tandis que l'*amnistie* peut embrasser les délits jugés comme les délits non jugés, et les *efface complètement*, même sous le rapport de l'infamie, de la récidive et peut-être même sous le rapport des intérêts privés;

3.º La *grâce* est déterminée par des motifs personnels à l'individu grâcié, tandis que l'amnistie est fondée sur des motifs d'intérêt gé-

néral et d'ordre public, comme après des com-
motions populaires, et lorsqu'il s'agit de certains
délits qui intéressent un trop grand nombre
d'individus, et où les poursuites pourraient
nuire à la paix publique, comme pour les délits forestiers, les délits de douanes, les crimes
de désertion, etc.

L'amnistie peut être pure et simple ou sans
condition, ou renfermer des exceptions, etc.,
et dans tous les cas elle doit être appliquée
telle qu'est conçu l'acte du souverain qui la
renferme.

Cette application se fait par les tribunaux
devant qui les poursuites se font et où l'on invoque l'acte d'amnistie : et à l'égard des individus qui seraient déjà jugés avant l'acte d'amnistie, l'application se ferait par le gouvernement lui-même; et si ses agens venaient mal-
à-propos à refuser de faire cette application,
on pense que le recours aux tribunaux serait
ouvert contre ce refus.

Les actes d'*abolition* que l'on a souvent con-
nus en France ne sont autre chose que de
véritables *amnisties*, et il serait assez difficile
de les distinguer les unes des autres.

§. II.

De l'extinction de l'action civile.

L'action civile n'étant autre chose qu'un moyen de poursuivre en justice les droits qui nous appartiennent, *modus persequendi in judicio jura quæ nobis competunt*, il importe peu de quelle genre d'obligation elle soit née; que cette obligation soit le résultat d'un *contrat*, d'un *quasi-contrat*, d'un *quasi-délit*, ou enfin d'un *délit*, dans tous les cas celui qui s'oblige par l'un de ces moyens (et ce sont là les quatre seules sources des obligations civiles), s'oblige non-seulement pour lui-même, mais encore pour ses héritiers.

Ainsi, en premier lieu, nous ne placerons point la *mort* parmi les moyens d'extinction de l'action civile. *Voy*. art. 2 du Code d'instr.

Mais nous dirons, en général, que cette action ou cette obligation s'éteint par les mêmes moyens que toutes les autres obligations civiles.

Ainsi elle s'éteint par le *payement*, par la *novation*, par la *remise volontaire*, comme le suppose l'art. 4 du Code d'instruction criminelle, par la *compensation* (quand la dette a été liquidée), et par la *prescription*. — Code civil, art. 1234 : on pourrait ajouter, par la *transaction* dont parle l'art. 2046 du Code civil; mais ceci rentre dans la novation dont on vient de parler plus haut.

Et sur tous ces objets il suffit de renvoyer aux principes du Code civil.

Nous observerons seulement, quant à la prescription, que les principes du Code civil, sur le délai, sont modifiés ici par la loi criminelle qui applique, sur ce point, à l'action *civile* résultant des délits absolument les mêmes règles qu'à l'action *publique* résultant des mêmes délits, et que nous avons rappelées ci-dessus.

Ce sera donc par dix ans, trois ans, ou un an que se prescrira l'action *civile* résultant d'un crime, d'un délit ou d'une contravention, et ce délai partira de la même époque que pour l'action publique. La loi ne présente absolument aucune différence. *Voy*. Code d'instr., art. 637 et suivans.

Il sera donc vrai de dire qu'une action qui ne serait prescrite qu'au bout de trente ans si elle était le résultat d'un *contrat*, d'un *quasi-contrat*, ou même d'un *quasi-délit* (Code civil, art. 2260), se prescrira par un temps beaucoup plus court, par cela même qu'elle sera le résultat d'un fait beaucoup plus grave, d'une contravention, d'un délit ou d'un crime.

Mais ainsi l'a voulu la nécessité d'éviter une anomalie dangereuse, ainsi l'a voulu la nécessité d'éviter la discussion et les débats, sous le rapport civil, d'un fait qui serait reconnu criminel et que cependant la loi criminelle ne permettrait plus de poursuivre.

SECONDE PARTIE.

—

PROCÉDURE CRIMINELLE.

Nous avons dit que la *Procédure criminelle* indiquait la marche à suivre pour l'application des lois pénales.

Quels sont les tribunaux chargés de l'application de ces lois? Comment sont-ils investis de l'action? Comment l'instruction se fait-elle devant eux? Que peuvent prononcer leurs jugemens? Quelles voies d'attaque la loi ouvre-t-elle contre eux, etc.? Telles seraient les questions que nous aurons à examiner ici.

Mais, avant de nous occuper de ces objets que la loi a pris soin de déterminer en matière criminelle, comme elle l'a fait en matière civile (et ce qui constitue positivement la *justice*) (1), nous devons nous occuper des précautions que la loi a prises en matière criminelle, pour rechercher et réunir les preuves du délit,

---

(1) Voir l'intitulé du liv. 2 du Code d'instruction criminelle.

avant d'en livrer les auteurs aux tribunaux :
c'est cette dernière partie qui constitue , à proprement parler, la *police judiciaire*. Outre cette
dernière police, on en connaît une autre qu'on
appelle *police administrative,* Cette dernière
tend à *prévenir* les délits ; elle est toute de précaution et de surveillance, et elle est étrangère à notre cours, et appartiendrait plutôt à
un cours de *droit administratif.*

Nous traiterons donc dans deux sections différentes, d'abord de la *police judiciaire,* et ensuite de la *justice,*

SECTION Ire

De la police judiciaire.

La loi, dans le désir de ne laisser échapper
aucun délit et d'en saisir rapidement les traces
et les preuves, a créé un grand nombre d'officiers chargés d'exercer les actes de la *police judiciaire ;* et, toujours dans le même but, elle
attribue compétence, non-seulement à celui du
lieu du délit, mais encore à celui de la *résidence*
du prévenu, et enfin, à celui du lieu *où il pourra
être trouvé. Voy.* Code d'instr., art. 23, 63,
69, etc.

En général, dans cette concurrence, le premier saisi est préféré, sauf la hiérarchie entre eux.

Nous verrons plus tard que les mêmes circonstances, avec la même règle, déterminent la compétence des tribunaux.

La loi qualifie d'*officiers de police judiciaire*, agissant sous l'autorité des cours royales, les fonctionnaires ci-après, savoir :

Les gardes-champêtres et forestiers,

Les commissaires de police,

Les maires et leurs adjoints,

Les juges de paix,

Les officiers de gendarmerie,

Les commissaires généraux de police,

Les procureurs du Roi et leurs substituts,

Enfin, les juges d'instruction. Code d'instr., art. 9.

Chacun d'eux agit dans les limites et d'après les règles tracées dans le liv. 1.er du Code d'instruction criminelle.

Tous reconnaissent pour chef (à l'exception des gardes-champêtres et forestiers et du juge d'instruction) le procureur du Roi de leur arrondissement, et la loi les qualifie ses *auxiliaires. Voy.* l'intitulé du chap. 5 dudit liv. 1.er

En cette qualité, et en l'absence du procu-

reur du Roi, ils peuvent faire, en général,
tous les actes que la loi confie à ce dernier,
sauf à les lui transmettre. En faisant connaître
les actes d'instruction que la loi confie au procureur du Roi, nous aurons, par-là même,
fait connaître, sur ce point, les droits et devoirs
de ses *auxiliaires*, quand ils le *remplacent*.
Le procureur du Roi lui-même agit sous l'autorité et la surveillance du procureur général.

Les gardes-champêtres et forestiers, qualifiés
aussi *officiers de police judiciaire*, et, en cette
qualité, soumis à la surveillance du procureur
du Roi (Code d'instr. crim., art. 17), ont une
mission spéciale relative à certains délits ou
contraventions, c'est-à-dire ceux qui se rappor-
tent aux propriétés *rurales* et *forestières*.

Les uns remettent leurs rapports ou procès-
verbaux aux agens de l'administration fores-
tière, qui ont voie d'action pour la poursuite de
pareils délits (Code d'instruction, art. 18 et 19),
et les autres les remettent aux fonctionnaires
qui exercent le ministère public près des tribunaux de police, et qui ont action pour toutes les
contraventions en général, comme nous le verrons plus tard; et quand il s'agit de *délits*, ils
les remettent au procureur du Roi. *Eod.*, art. 20.

Les gardes-champêtres et forestiers, au reste,

sont aussi chargés d'arrêter et de conduire devant le juge de paix ou devant le maire tout individu surpris en *flagrant délit*, ou *dénoncé par la clameur publique*, mais seulement lorsque le délit est de nature à emporter la peine d'*emprisonnement*, ou une peine plus grave, et sauf à se faire donner main-forte par le maire ou par l'adjoint. Code d'instr., art. 16.

Quant au *juge d'instruction*, qui est éminemment chargé de l'instruction préparatoire, il n'est nullement sous la dépendance du procureur du Roi; il ne connaît de chef que le procureur général; et il agit avec ou sans le procureur du Roi dans des rapports mutuels que nous ferons connaître dans les deux chapitres suivans, l'un relatif au *procureur du Roi*, l'autre au *juge d'instruction*.

Enfin, et sans avoir le titre d'*officiers de police judiciaire*, et sans être dans aucune dépendance à l'égard des tribunaux, les préfets (et le préfet de police à Paris) peuvent faire personnellement, ou requérir les officiers de police judiciaire de faire tous actes nécessaires à l'effet de constater les crimes, délits et contraventions, chacun dans ses attributions. Code d'instr., art. 10.

CHAPITRE I.er

Du procureur du Roi considéré comme officier de police judiciaire.

LE procureur du Roi est chargé de la recherche de tous les délits dont la connaissance appartient aux *tribunaux correctionnels* et aux *cours d'assises*, c'est-à-dire des délits et des crimes proprement dits. (*Voy*. Code d'instruction, art. 22). En cas d'empêchement, il est remplacé par un substitut; et au défaut de ce dernier, par un des juges commis à cet effet par le président (*Eod.*, art. 26); ou, enfin, par un suppléant ou un juge auditeur. Décret du 22 mars 1813.

Le procureur du Roi peut être instruit d'un délit, ou par la voie publique, ou par une *dénonciation*, ou par une *plainte*.

Dans tous les cas, il communique le tout au juge d'instruction, et fait les réquisitions qu'il juge à propos. *Voy*. Code d'instr., art. 47.

Il peut même, en matière de délits proprement dits, citer directement le prévenu devant le tribunal correctionnel, sans aucune formalité préalable. Code d'instr., art. 182.

La *dénonciation* est l'action de déclarer un délit à la justice, en indiquant ou sans indiquer ses auteurs.

La *plainte* est la même déclaration faite par celui qui a souffert directement ou indirectement un préjudice du délit ; elle peut être accompagnée ou non de la déclaration formelle ou implicite de se rendre *partie civile*, à l'effet de demander la réparation de ce préjudice.

La dénonciation est tantôt *forcée*, tantôt purement *volontaire*.

Elle est *forcée*,

1.º Lorsqu'il s'agit d'un fonctionnaire public qui, *dans l'exercice de ses fonctions*, acquiert la connaissance d'un *crime* ou d'un *délit* : il doit en donner avis sur-le-champ au procureur du Roi, en lui transmettant toutes les pièces qui sont en son pouvoir. Code d'instr., art. 29 ;

2.º La dénonciation est encore *forcée*, lorsqu'il s'agit même d'un simple *particulier*, mais qui a été *témoin d'un attentat, soit contre la sûreté publique, soit contre la vie ou la propriété d'un individu*. Code d'instr., art. 30.

On doit pourtant remarquer que la loi n'inflige aucune peine pour l'omission de ces deux obligations ; à moins qu'il ne s'agisse des cas

où la non-révélation seule est un délit. *Voy.*
Code pénal, art. 103, 108, 136, 138.

Dans tous les autres cas, la dénonciation est
purement *volontaire.*

Dans tous aussi, chacun est responsable
d'une dénonciation qui serait réputée calom-
nieuse. Code pénal, art. 373, et Code d'instr.,
art. 358.

Lorsque la dénonciation est faite par un
simple particulier, elle peut être rédigée par
lui, ou par son procureur-fondé spécial, ou
par le procureur du Roi.

L'auteur de la dénonciation peut s'en faire
délivrer, à ses frais, une copie. (Code d'instr.,
art. 31). Ces dispositions sur la forme de la
dénonciation sont communes à la *plainte.*
Code d'instr., art. 65.

Dans tous ces cas, le procureur du Roi *reçoit*
des documens sur l'existence des crimes ou
délits, et il les transmet au juge d'instruction
pour instruire ultérieurement.

Mais dans les cas de *flagrant délit, lorsque
le fait est de nature à entraîner une peine
afflictive ou infamante,* c'est-à-dire lorsqu'il

s'agit de *crimes* proprement dits, le procureur du Roi est encore chargé de les constater par lui-même, sans délai, en se transportant sur les lieux, pour y dresser tous procès-verbaux convenables, et entendre immédiatement toutes les personnes qui auraient des renseignemens à lui donner. Code d'instr., art. 32.

Le procureur du Roi peut défendre que qui que ce soit sorte du lieu où il opère, jusqu'à la clôture de son procès-verbal, sous peine d'être déposé dans la maison d'arrêt, et condamné ensuite *par le juge d'instruction*, sur les conclusions du procureur du Roi (après avoir été appelé, mais sans opposition ni appel), à dix jours d'emprisonnement et cent francs d'amende, au plus. Code d'instr., art. 34.

Le procureur du Roi doit aussi se saisir des armes et de tous objets qui ont pu servir au crime ou être produits par lui, ainsi que des papiers qui pourraient servir à la manifestation de la vérité ; et, à cet effet, il doit même se transporter immédiatement au domicile du prévenu. Code d'instr, art. 35, 36 et 37.

Dans tous les cas, il interpelle le prévenu, s'il est présent, de s'expliquer sur ces objets, et mentionne toutes ces circonstances et les réponses du prévenu dans son procès-verbal. Code d'instr., art. 39.

Il prend aussi les précautions que la loi lui indique pour la conservation de tous ces objets, et pour constater leur identité. — *Voy*. art. 38.

Enfin, en cas d'*indices graves*, le procureur du Roi doit faire saisir immédiatement les prévenus, et, en cas d'absence, délivrer contre eux un *mandat d'amener*. (On verra plus tard ce que c'est qu'un mandat d'amener). Il les interroge sur-le-champ. *Eodem*, art. 40.

Pour donner plus de solennité à ses procès-verbaux, la loi veut que le procureur du Roi se fasse assister, autant que possible, par le commissaire de police, ou le maire, ou l'adjoint du lieu, ou enfin par deux témoins domiciliés dans la commune, et que ces personnes signent les procès-verbaux avec lui à chaque feuillet : si elles ne le peuvent ou ne le veulent, il en est fait mention. Code d'instr., art. 42.

Le procureur du Roi peut, au reste, quand il le juge utile, se faire accompagner, dans les opérations dont nous venons de parler, par des personnes qu'il présumerait par leur art être capables d'apprécier davantage les circonstances

du

du crime ; et dans le cas de mort violente, il *doit* se faire assister d'un ou de deux officiers de santé, qui font un rapport.—Toutes ces personnes prêtent serment devant le procureur du Roi de donner leur avis en leur ame et conscience. — Code d'instr., art. 43 et 44.

On appelle *flagrant délit*, et donnant lieu aux attributions du procureur du Roi dont nous venons de parler,

1.° *Le délit qui se commet actuellement, ou qui vient de se commettre;*

2.° Le cas où *le prévenu est poursuivi par la clameur publique*, ou bien encore celui où le *prévenu est trouvé saisi d'effets, armes, instrumens ou papiers faisant présumer qu'il est auteur ou complice, pourvu que ce soit dans un temps voisin du délit.* — Code d'instr., art. 41.

Au reste, les mêmes attributions existent encore en faveur du procureur du Roi, dans un second cas, c'est celui où il s'agit d'*un crime* ou *délit commis dans l'intérieur d'une maison*, et où le *chef de cette maison le requiert de le constater.* Code d'instr., art. 46.

Dans ces deux cas, et par exception, le procureur du Roi peut se livrer seul à des actes d'instruction; mais,

1.° Il doit, en se transportant sur les lieux,

6

donner avis de son transport au juge d'instruction ;

2.º Quand il a terminé ses opérations, il
doit en transmettre le résultat avec tous les
objets et pièces qu'il a recueillis, au juge d'instruction, avec ses réquisitions, pour que celui-
ci agisse suivant le mode qui est tracé dans le
chapitre qui lui est particulier. Code d'instr.,
art. 32 et 45.

Si, sur l'avis à lui donné, le *juge d'instruction* accompagne le procureur du Roi, c'est lui
alors qui fait tous les actes dont nous venons
de parler, ainsi qu'il sera expliqué plus particulièrement quand nous nous occuperons des
fonctions du *juge d'instruction*; et dans ce
cas, le procureur du Roi n'a plus que des réquisitions à faire, comme nous le verrons également. *Voy.* Code d'instr., art. 59 et suiv.

Inutile de répéter que dans les cas de *flagrant délit* et dans les cas qui lui sont assimilés, les *officiers auxiliaires du procureur
du Roi*, c'est-à-dire les *juges de paix*, les
officiers de gendarmerie, les *commissaires* et
commissaires généraux de police, les *maires*
et *adjoints*, doivent agir comme lui-même,
sauf à céder la place, s'il survient, à moins qu'il
ne juge à propos de charger un de ces *auxi-*

liaires de faire quelque acte de police judiciaire même en sa présence, et sauf aussi à eux à renvoyer tous les procès-verbaux et actes au procureur du Roi, qui agit ensuite comme s'il les avait faits lui-même. *Voy*. Code d'instr., art. 49 et suivans.

CHAPITRE II.

Du juge d'instruction. (et de la chambre du conseil).

On appelle *juge d'instruction* un magistrat du tribunal correctionnel qui est spécialement chargé de l'instruction préliminaire qui a nécessairement lieu dans les matières *criminelles* proprement dites, et qui *peut* avoir lieu même pour les simples *délits*.

Le *juge d'instruction* est nommé pour trois ans par une commission de sa majesté ; si un seul ne suffisait pas dans un arrondissement, on pourrait en nommer un second. Code d'instr., art. 55 et 56.

D'après l'art. 56 du Code d'instruction criminelle il devait y en avoir *six* à Paris ; mais l'expérience ayant encore démontré l'insuffisance de ce nombre, il a, plus tard, été élevé jusqu'à neuf.

Dans les lieux où il n'y en a qu'un seul, il est remplacé, en cas d'empêchement, par un autre juge ou juge auditeur que désigne le tribunal. Code d'instr., art. 58, et décret du 22 mars 1813.

Les fonctions du *juge d'instruction* (outre les *dénonciations* et *plaintes* qu'il peut recevoir, comme on l'a vu) sont relatives, soit aux cas de *flagrant délit* ou réputés tels , dont il a déjà été question, en parlant du procureur du Roi, soit aux cas *ordinaires*, soit aux témoins dont l'audition lui est confiée et aux pièces de conviction dont il doit se saisir, soit enfin aux différens *mandats* qu'il peut délivrer et au compte qu'il doit rendre à la *chambre du conseil* du tribunal, quand il a terminé son instruction préparatoire.

§. I.er

Du flagrant délit.

Dans tous les cas réputés *flagrant délit*, le juge d'instruction peut faire lui-même tous les actes que nous avons vu précédemment être attribués, dans ces cas, au procureur du Roi, sauf, s'il le juge à propos, à requérir la présence de celui-ci , mais sans aucun retard de la procédure.

Si, au contraire, c'était le procureur du Roi
qui avait fait ces actes, ou bien ses auxiliaires,
le juge d'instruction serait obligé de les examiner
sans délai, sauf à refaire ceux qui lui paraîtraient
incomplets. *Voy*. Code d'instr., art. 59, 60
et 69.

Et s'il était question de perquisition de pièces
de conviction existant hors de son arrondissement, le juge d'instruction requerrait celui du
lieu où elles peuvent se trouver de faire les opérations en pareil cas usitées, c'est-à-dire celles
déterminées par les art. 35, 36, 37, 38 et 39
du Code d'instruction criminelle.

§. II.

Des cas ordinaires.

Hors les cas de *flagrant délit* ou réputés tels,
le juge d'instruction, qui peut toujours agir,
ne le peut néanmoins qu'après avoir communiqué la procédure au procureur du Roi, et
l'intervention de celui-ci, qui est purement *fa-*
cultative dans les cas précédens, devient *forcée*
dans celui-ci, sur-tout lorsqu'il s'agit de se transporter sur les lieux, ce que le juge d'instruction ne peut point faire sans le procureur du Roi,
et même sans le greffier du tribunal.

Dans tous les cas, on communique au procureur du Roi tout ce qui a été fait, et il fait les réquisitions qu'il juge à propos. Code d'instr., art. 61 et 62.

§. III.

Des témoins et des pièces de conviction.

Le juge d'instruction doit faire citer devant lui les témoins qui lui sont indiqués comme pouvant donner des renseignemens sur le crime ou délit.

La loi indique les formalités qui doivent accompagner cette procédure qu'on appelle *information*, comme on appelle *enquête* la même audition de témoins en matière civile, et prononce, comme sanction, tantôt la peine de nullité, tantôt même des peines personnelles, ou d'*amende*, ou de *prise à partie*, contre le greffier ou le juge d'instruction, pour les infractions qui seraient commises.

Les individus au-dessus de quinze ans prêtent serment, et les autres ne le prêtent pas.

La loi établit aussi des peines contre les témoins qui refuseraient de comparaître, sans motifs légitimes dûment constatés, et permet

d'employer des moyens pour vaincre leur ré-
sistance. Code d'instr., art. 82 et 92.

En cas d'empêchement, le juge d'instruction, dans le canton du tribunal, et un juge
de paix commis dans les autres cantons, se
transportent dans la demeure du témoin.

Dans aucun cas aussi les témoins ne sont
obligés de se transporter hors de leur *arrondissement;* ils sont entendus alors ou par leur
juge d'instruction requis, à cet effet, par le
premier, ou par un juge de paix requis, en
sous-ordre, par leur juge d'instruction, quand
ils n'habitent pas le canton de celui-ci.

Dans tous les cas, les dépositions reçues par
un autre que par celui qui dirige la procédure
sont envoyées à celui-ci closes et cachetées.
Voy. Code d'instr., art. 71 et suivans.

§. IV.

*Des différens mandats qui peuvent être délivrés
par le juge d'instruction.*

Nous appelons ici, en général, *mandat*, un
ordre délivré par la justice pour faire comparaître ou détenir quelqu'un.

Nous disons pour faire *comparaître* ou *détenir.*

En effet, on distingue essentiellement quatre
différentes espèces de mandats, savoir, les mandats de *comparution*, d'*amener*, de *dépôt* et
d'*arrêt*.

— Les deux premiers rentrent dans la première
classe, et les deux autres dans la seconde.

Le mandat de *comparution* est un simple
ordre pour comparaître devant la justice, sans
qu'on puisse encore employer force pour y
contraindre. C'est une espèce d'assignation donnée au prévenu en matière criminelle.

Le mandat d'*amener* est le même ordre, mais
avec l'injonction d'employer, au besoin, la
force pour contraindre à l'exécuter celui qui en
est l'objet.

Le mandat de *dépôt* et le mandat d'*arrêt* ont
pour but, l'un et l'autre, de constituer le prévenu prisonnier; et la principale différence qui
existe entr'eux consiste,

1.° En ce que le mandat d'arrêt ne peut être
délivré qu'après avoir entendu les conclusions
du procureur du Roi (Code d'instr., art. 94);
tandis que cette formalité n'est que facultative
à l'égard du mandat de *dépôt*; (et des autres
mandats);

2.° En ce que le mandat d'*arrêt* doit énoncer
le *fait* pour lequel il est décerné et la loi qui

caractérise ce fait crime ou délit; tandis que cela n'est pas formellement exigé pour le mandat de dépôt; (et les autres mandats). Code d'instr., art. 96.

La loi détermine, en laissant pourtant au magistrat quelque latitude, d'après les circonstances, les cas dans lesquels le juge d'instruction doit décerner tel ou tel mandat.

Ainsi, par exemple, quand, *tout à la fois*, il s'agit d'un individu ayant un domicile connu et d'un simple délit *correctionnel*, le juge d'instruction *peut* se contenter d'un mandat de *comparution* (Code d'instr., art. 91); donc même, dans ce cas, il *pourrait* décerner un mandat d'*amener*;

Et il y a plus, si le prévenu fait défaut sur le mandat de *comparution*, le juge d'instruction doit alors nécessairement décerner contre lui un mandat d'*amener*.

Après l'interrogatoire il *peut* décerner tel mandat qu'il jugera à propos. Code d'instr., art. 91 et 94.

On voit, d'après ce qui précède, que s'il s'agissait d'un individu non domicilié, ou même d'un individu domicilié, mais prévenu d'un *crime* proprement dit, et que le juge d'instruction voulût l'interroger, il *devrait* le faire venir par la voie d'un mandat d'*amener*.

Le mandat d'*amener*, pas plus que le mandat de *comparution*, n'a pour but de constituer le prévenu prisonnier ; cependant le premier peut avoir ce résultat, au moins momentanément : c'est là la conséquence de la disposition qui donne *vingt-quatre heures* au juge d'instruction pour l'interroger (Code d'instr., art. 93), et des principes qui défendent de détenir personne en *charte privée*. Or il faut bien, dans cet intervalle, que le prévenu soit déposé dans la prison publique.

Les *mandats* de toute espèce sont exécutoires, comme les jugemens, dans toute l'étendue *du* royaume (Code d'instr., art. 98). Ils sont exécutés par un huissier ou tout agent de la force publique, qui en remet copie, et se fait, au besoin, donner main-forte. Code d'instr., art. 97, 108, etc.

L'individu saisi, en vertu d'un mandat d'*arrêt* ou de *dépôt*, est conduit immédiatement dans la maison d'arrêt indiquée dans le mandat, et le gardien de la prison, en le recevant, donne une reconnaissance de la remise du prévenu (Code d'instr, art. 110, 111 et 107); il doit, de plus, inscrire sur un registre, et en présence de celui qui a exécuté le mandat d'*arrêt* ou de *dépôt*, l'acte en vertu duquel celui-ci a agi. Loi du 22 frimaire an 8, art. 78, et Code d'instr.; art. 607.

Ces dispositions ont pour but de prévenir toute détention arbitraire.

Les *mandats* de toute nature sont ainsi, en général, délivrés par le *juge d'instruction ;* cependant le procureur du Roi a quelquefois le même droit, même pour des mandats de *dépôt*, et notamment dans le cas de l'art. 34 du Code d'instruction criminelle, déjà rappelé, et dans celui de l'art. 100 du même Code ; et dans les matières spéciales, comme les délits *militaires* ou *maritimes*, ce droit d'arrestation est encore conféré par la loi à d'autres fonctionnaires, comme au *général* commandant dans le lieu du délit, au *rapporteur* du conseil de guerre, *aux préfets maritimes*, aux commandans supérieurs des forces navales, etc.

En général, nul ne peut être arrêté qu'en vertu d'un ordre délivré par l'autorité compétente. Cependant, dans les cas de *flagrant délit,* ou dans ceux qui lui sont assimilés, la loi fait un devoir à tout *dépositaire de la force publique,* et même à tout particulier (*toute personne*, dit la loi) de *saisir* le prévenu, et de le conduire devant le procureur du Roi ; mais encore faut-il pour cela, qu'il s'agisse d'un fait qualifié *crime* proprement dit, distinction dont la difficúlté peut quelquefois rendre l'accomplissement de ce devoir assez embarrassant : aussi la loi ne le soumet-elle à aucune peine. Code d'instr., art. 106.

Le procureur du Roi devant qui le prévenu est amené, prend ensuite les mesures qu'il juge à propos, et d'après les règles ci-devant rappelées à son sujet en parlant du *flagrant délit*.

§. V.

Du compte que doit rendre le juge d'instruction à la chambre du conseil.

On appelle *chambre du conseil* une réunion de trois juges, au moins, du Tribunal civil qui forme aussi, comme on le verra, le tribunal correctionnel, et qui est appelée par la loi à former, en quelque sorte, le complément de l'instruction commencée par le *juge d'instruction*.

On l'appelle *chambre du conseil*, parce qu'elle statue à huis clos et sans publicité.

Dans les tribunaux composés de plusieurs chambres, l'une d'elles est chargée spécialement de remplir les fonctions de *chambre du conseil*.

C'est la même, en général, qui forme ensuite le *tribunal correctionnel*.

Si par quelque circonstance elle ne pouvait pas se former entièrement de juges titulaires, on la compléterait en y appelant des
juges auditeurs, ou des *suppléans*. Décret du
22 mars 1813.

C'est devant cette chambre que le juge d'instruction (qui en fait partie) fait, *une fois la
semaine au moins*, le rapport des affaires dont
la procédure est complète, après en avoir tou-
tefois préalablement donné communication au
procureur du Roi, afin que celui-ci prenne les
conclusions qu'il juge à propos. *Voy*. Code
d'instr., art. 127, et l'intitulé du chapitre où
se trouve cet article.

Sur ce rapport, la chambre du conseil rend,
suivant les circonstances, différens genres de
décisions :

1.º Si elle trouve que le fait ne présente ni
crime, ni *délit*, ni *contravention*, ou qu'il
n'existe pas de charges contre le prévenu, elle
déclare qu'il n'y a pas lieu à poursuivre. Code
d'instr., art. 128 ;

2.º Si elle pense que le fait ne présente qu'une
simple *contravention*, et qu'il y a des charges
contre le prévenu, elle le renvoie au tribunal
de *simple police*.

Dans ces deux cas, si le prévenu était précédemment en état d'arrestation, il doit être mis en liberté. Code d'instr., même art. 128, et art. 129.

3.º Si la *chambre du conseil* trouve que le fait constitue un *délit correctionnel*, et qu'il y a des charges contre le prévenu, elle le renvoie devant le *tribunal correctionnel* (c'est-à-dire devant les mêmes juges siégeant en une autre *qualité*).

Dans ce dernier cas, si l'inculpé était en état d'arrestation, il faut distinguer : ou le fait qui lui est reproché peut entraîner la peine d'*emprisonnement*, ou bien il n'en est pas susceptible. Dans le premier cas, l'inculpé doit rester provisoirement en prison ; dans le second, il doit être mis en liberté, à la charge de se représenter au jour du jugement. Code d'instruction, art. 130 et 131.

Que faudrait-il penser du cas où la chambre du conseil trouvant un fait correctionnel susceptible d'emprisonnement et des charges suffisantes, l'inculpé ne serait pas en prison ? Ne pourrait-elle pas rendre une *ordonnance de prise de corps* pour l'y faire constituer ? Malgré le silence de la loi, il semble qu'on devrait l'admettre ainsi, par argument de l'art. 134. *Voy*. Legraverend, tom. 1.ᵉʳ, pag. 350.

4.° Enfin, lorsque la chambre du conseil trouve que le fait est un *crime* proprement dit, et qu'il y a des charges suffisantes contre l'inculpé, elle le renvoie en état de prévention à la *chambre d'accusation* de la cour royale, pour être statué comme on le verra ailleurs.

C'est dans ce cas que la *chambre du conseil* décerne indistinctement cette *ordonnance de prise de corps* dont il était question tout-à-l'heure (Code d'instr., art. 133 et 134); et c'est dans ce cas aussi qu'une *seule voix* suffit pour faire prononcer le renvoi. Code d'instr., art. 133.

Dans tous les cas où il y a renvoi au *tribunal de police*, au *tribunal correctionnel*, ou à la *chambre d'accusation*, il est naturel que les pièces parviennent au tribunal qui doit statuer : C'est ce que décident, en effet, les art. 132, 133 et 134, avec quelques distinctions sur la nature de ces pièces et sur le lieu où elles doivent être envoyées.

Les décisions de la *chambre du conseil* étant des décisions provisoires ou des actes de *police judiciaire*, plutôt que de véritables *jugemens*, elles ne nous paraissent pas lier les autorités compétentes autres qu'elles-mêmes ; et cela est vrai, lors même qu'elles sont favorables aux prévenus : du moins cela nous paraît résulter de plusieurs textes, et particulièrement de l'art. 233 du Code d'instruction criminelle. *Voy.* Legraverend, tom. 1.er, pag. 361 et suiv.

Cependant lorsque le *procureur du Roi* ou la *partie civile*, c'est-à-dire le plaignant qui s'est constitué *partie*, veulent les attaquer, ils ne le peuvent que dans un délai de *vingt-quatre heures*, qui court, savoir : pour le *procureur du Roi*, du jour même de la *décision* ; et pour la *partie civile*, du jour de la *signification* à elle faite ; et leur recours, que la loi qualifie *opposition*, et qui est plutôt une espèce d'*appel*, est portée à la *chambre d'accusation* de la cour royale. Code d'instr., art. 135.

Ce recours est suspensif sous le rapport de la *mise en liberté* : et le délai lui-même, pour le former, est aussi suspensif. Code d'instr., même art. 135. *Voy.* Legraverend, tom. 1.er, pag. 360.

Au reste, quoique la loi n'accorde nommément ce recours que pour le cas d'une *ordonnance de MISE en liberté*, nous pensons qu'il n'en n'en existe pas moins dans le cas d'une décision qui *maintient* en liberté l'inculpé qui s'y trouvait déjà. Une pareille circonstance accidentelle ne doit pas amener un changement dans le droit du *procureur du Roi* ou de la *partie civile.*

Quant au prévenu qui voudrait se plaindre de la décision, la loi n'a pas eu besoin de lui accorder un recours devant la *chambre d'accusation,* notamment quand il y est renvoyé, puisque, dans cette position, il pourra déjà y faire valoir tous ses moyens, et qu'un recours ou appel ne lui eût rien procuré de plus ;

Et il en sera de même du cas d'un renvoi en *police correctionnelle,* ou en *police simple,* puisque, ainsi qu'on l'a dit, ces tribunaux n'étant nullement liés par la décision de la chambre du conseil l'inculpé pourra y faire valoir tous ses droits, même sous le rapport de la compétence. Arg. de Code d'instr., art. 159, 160, 182, 191, 192, etc.

On conçoit, au reste, que, lorsque la *chambre d'accusation* est saisie par suite de recours du *procureur du Roi* ou de la *partie civile,* les pièces de la procédure doivent lui parvenir, comme lorsqu'elle est saisie par le renvoi fait par la *chambre du conseil.* Code d'instr., art. 135 et 133.

7

On conçoit aussi que lorsque la *partie civile* succombe, elle doit être condamnée aux dommages-intérêts qu'elle a pu causer à l'inculpé par la prolongation de la privation de sa liberté. Code d'instr., art. 136; Code civil, art. 1382 et suivans.

Au reste, soit que l'inculpé soit en état d'arrestation par suite d'un mandat d'*arrêt* ou de *dépôt*, ou par suite d'une décision de la chambre du conseil, comme cette détention n'est point une *peine*, mais une simple mesure de précaution pour s'assurer de sa personne, en cas de condamnation, si l'on peut arriver au même résultat par d'autres moyens, l'humanité, d'accord avec la loi, doivent les faire admettre; et de là les dispositions du Code sur *la liberté provisoire* et le *cautionnement* dont il nous reste à parler.

Mais auparavant, nous devons rappeler que dans certaines matières spéciales, telles que les *douanes*, les contributions *indirectes*, la police judiciaire exige l'action de certains fonctionnaires particuliers. Les délits alors sont constatés par des procès-verbaux que rédigent les agens de ces administrations, et qui font preuve, tantôt jusqu'à *inscription de faux*, tantôt seulement jusqu'à *preuve contraire*, suivant certaines distinctions que nous ferons connaître.

CHAPITRE III.

De la liberté provisoire et du cautionnement.

L'*INTITULÉ* de ce chapitre, qui est celui de la loi, annonce déjà que la liberté provisoire en faveur de celui qui a été légalement emprisonné avant son jugement ne peut être obtenue qu'au moyen d'une caution de se représenter.

Mais, même avec cette caution, cette liberté ne peut pas toujours être obtenue :

Elle ne peut pas l'être,

1.º Lorsque le titre de l'accusation est de nature à entraîner une peine *afflictive* ou *infamante;*

2.º Lorsque l'individu arrêté est un *vagabond* ou *repris de justice;*

3.º Lorsque l'individu arrêté a déjà une première fois, après avoir obtenu sa liberté provisoire, *laissé contraindre sa caution*, pour ne s'être pas représenté au jour indiqué. *Voy*. Code d'instr., art. 113, 115 et 126.

Dans les autres cas, la liberté provisoire peut être obtenue.

Elle est demandée, non pas au *juge d'instruc-*

tion, mais à la *chambre du conseil*, qui ne peut l'accorder que *sur les conclusions du procureur du Roi*, *et moyennant caution solvable de se représenter à tous les actes de la procédure*, *et*, *pour* l'exécution du jugement, *aussitôt que* le prévenu *en sera requis*. Code d'instruction, art. 114.

Quand il y a une *partie civile*, comme elle a intérêt, la demande doit lui être notifiée. Art. 116.

La quotité du cautionnement est fixée par la chambre du conseil sur certaines bases déterminées par la loi.

Dans aucun cas, il ne peut être au-dessous de 500 *fr.*; et il varie au-dessus de ce *minimum*, suivant la quotité de l'amende ou des dommages-intérêts dont le prévenu peut être passible, sauf, dans ce dernier cas, une estimation à faire par anticipation par le juge d'instruction. Code d'instr., art. 119.

Quand le montant du cautionnement a été déterminé, il peut être fourni ou par le prévenu lui-même, ou par un tiers; il peut être fourni ou en consignant la somme fixée, ou en immeubles libres de la même valeur et d'une moitié en sus; immeubles sur lesquels le procureur du Roi et la partie civile pourront prendre in-

scription hypothécaire, de telle sorte, que l'inscription prise même par l'un d'eux seulement
profitera à tous les deux. Code d'instr. , art.
117, 118 et 121.

Et chacun d'eux aussi a le droit de discuter
la solvabilité du cautionnement en immeubles.
Même art. 117.

Si la caution est admise, elle fait une soumission, ou au greffe, ou devant notaire; et
cette soumission, dont une expédition en forme
exécutoire est remise à la partie civile avant
l'élargissement, entraîne la contrainte par corps.
Code d'instr. , art. 120.

Le cautionnement est affecté en privilége, en
premier lieu, aux *réparations civiles* et aux *frais*
de la *partie civile,* et ensuite aux *amendes* qui
peuvent être encourues, le tout sans préjudice
du privilége du trésor public pour les frais faits
par le ministère public. Code d'instruction criminelle, art. 121.

Le cautionnement ne suffit pas, au reste, au
prévenu pour obtenir sa liberté provisoire; il
faut encore auparavant qu'il fasse au greffe une
élection de domicile dans le lieu où siége le tribunal, le tout pour la facilité des significations
qui seront dans le cas de lui être faites. Code
d'instr., art. 124.

Quand il y a lieu au payement du cautionnement, il est poursuivi au moyen d'une *ordonnance* que rend le *juge d'instruction*, soit sur les conclusions du ministère public, soit sur la demande de la partie civile.

Les sommes sont versées à la caisse de l'enregistrement, sauf les droits de la partie civile, le tout sur la requête du procureur du Roi, et sur les poursuites du directeur de l'enregistrement. Code d'instr., art. 122.

Outre ces poursuites contre la caution, le prévenu sera incarcéré en vertu d'une ordonnance que doit rendre le juge d'instruction. Code d'instr., art. 125.

SECTION II.

De la justice.

Lorsque la *police judiciaire* a terminé toutes ses recherches, lorsqu'elle a remis toutes les preuves, tous les renseignemens qu'elle peut découvrir, alors son action est terminée, et celle de la *justice* commence.

La loi, en matière *criminelle*, comme en matière *civile*, a réparti entre différens tribunaux, jugeant, tantôt en premier ressort, tantôt en dernier ressort, tantôt tout à la fois en premier et dernier ressort, la connaissance des différens crimes, délits ou contraventions.

Et (de même qu'en matière civile) elle indique, vis-à-vis chacun de ces tribunaux, comment l'action s'introduit, comment elle est instruite, comment elle est jugée, et quelles voies d'attaque existent contre le jugement.

Mais, avant de nous occuper de chacun de ces tribunaux en particulier, et des règles qui les concernent, nous devons rappeler ici quelques principes qui leur sont communs à tous.

I. Le premier qu'il faut rappeler, c'est qu'en matière criminelle (avec encore plus de raison qu'en matière civile), les débats doivent être publics, sauf certaines exceptions. Charte constitutionnelle, art. 6; Code d'instr., art. 153, 190, etc.

En second lieu, et ce qui doit aussi être prescrit encore plus rigoureusement qu'en matière civile, c'est que tout jugement soit *motivé*, et que, de plus, le texte de la loi qui y est appliqué y soit transcrit. Code d'instr., art. 153, 195, 369, etc.

En troisième lieu, nous reconnaîtrons aussi, en parlant des différens tribunaux, qu'en matière civile, il n'y a jamais plus de deux *dégrés* de juridiction.

II. Nous avons dit qu'un délit, en général, peut donner lieu à deux actions, l'action *publique* dans l'intérêt de la société, et l'action privée ou civile dans l'intérêt du particulier lésé.

Les tribunaux criminels sont essentiellement institués pour connaître de la première (l'action publique); et l'action civile devrait naturellement être portée devant les tribunaux *civils*;

Mais, soit par un principe d'économie, soit parce que le tribunal criminel, chargé de statuer sur le délit en lui-même, est plus à portée de statuer en connaissance de cause sur l'action accessoire en dommages-intérêts, la loi a permis de porter celle-ci devant les tribunaux chargés de prononcer sur l'action criminelle; et ils doivent y statuer quand ils en sont légalement saisis, et qu'ils ne sont pas encore dépouillés de leur juridiction principale. Code d'instr., art. 3, 145, 161, 182, 271, etc.

III. Lorsque la partie lésée n'use pas de cette *faculté*, il semble que chaque tribunal devrait alors être complètement libre et indépendant dans l'exercice de sa juridiction propre, savoir : le tribunal *civil* dans l'exercice de la juridiction civile, et le tribunal *criminel* dans l'exercice de la juridiction criminelle, et qu'aucun d'eux ne doit avoir à s'informer si l'autre est investi de la juridiction qui le concerne.

Cependant il n'en est pas tout-à-fait ainsi, au moins à l'égard du premier, c'est-à-dire à l'égard du tribunal civil.

En effet, celui-ci doit suspendre l'exercice de sa juridiction,

1.º Lorsque la juridiction criminelle est *déjà* saisie au moment où l'on porte l'action civile devant lui;

2.º Lorsque la juridiction criminelle est investie même *après* l'exercice de l'action civile;

Et dans l'un comme dans l'autre cas, cette suspension doit durer jusqu'à ce qu'il ait été statué *définitivement* sur l'action publique. Code d'instr., art. 3, *in fine.*

Et cela, non pas (nous le pensons du moins) parce que le jugement *criminel* devra être regardé comme la *chose jugée* à l'égard de l'action *civile;* la loi ne l'a dit nulle part, et l'art. 1351 du Code civil s'y opposerait; mais seulement à raison de l'*influence* que le jugement criminel doit naturellement avoir sur une action fondée sur le même fait, et des renseignemens qui peuvent être puisés pour le jugement de l'action *civile* dans les débats qui ont eu lieu pour prononcer sur l'action *cri-minelle.*

Ces dernières considérations motivent suffi-samment la disposition de l'art. 3, sans qu'on soit obligé d'en tirer d'autres conséquences, comme l'ont fait quelques auteurs.

C'est cette suspension de l'exercice de l'ac-tion civile par l'exercice de l'action publique que l'on désigne par ces mots : *Le* CRIMINEL *tient le* CIVIL *en état.*

Mais à côté de cette maxime, on en connaît quelquefois une autre pour les tribunaux cri-minels, qui lui est tout-à-fait contraire, c'est-à-dire qu'il arrive aussi quelquefois que *le* CIVIL *tient le* CRIMINEL *en état*, c'est-à-dire que les tribunaux criminels sont obligés de suspendre leur décision, jusqu'à ce que certaines questions aient été jugées par les tribunaux civils;

On conçoit, en effet, qu'il peut y avoir des questions auxquelles se rattache l'action crimi-nelle, et que, pour de hautes considérations, la loi n'a pas dû permettre être jugées que par des tribunaux civils; ou bien encore qui, à raison de la nature de l'organisation des tri-bunaux criminels (qui admettent, entr'autres, toujours la preuve testimoniale, preuve qui n'est pas admissible pour ces questions), ne peuvent pas être jugées par ces tribunaux, et ne peuvent, dès-lors, l'être que par les tribunaux civils.

Ainsi,

1.º Les questions d'*état* et de *filiation*, si importantes en elles-mêmes, et qui, en général et sauf exceptions, n'admettent pas la preuve testimoniale, ne doivent pas, sous prétexte ou sous le motif d'une action criminelle en *suppression d'état*, être enlevées aux tribunaux civils, et jugées par les tribunaux criminels qui, contre la prohibition de la loi, admettraient toujours la preuve testimoniale.

Aussi, le Code civil dit-il formellement, art. 327, « que l'action criminelle contre un » délit de suppression d'état, ne pourra com-» mencer qu'après le jugement définitif sur » la question d'état. »

Avant de savoir s'il y a délit de *suppression d'état*, il faudra faire juger civilement et dans les formes et avec les garanties civiles, qu'il y a un *état*.

La loi a préféré s'exposer à l'impunité de quelques coupables, plutôt que d'abandonner l'état des personnes et les questions si importantes de *filiation* aux chances des jugemens criminels. *Voy.* sur-tout Legraverend, tom. 1.ᵉʳ, pag. 30 et suiv.

2.° Il en est de même, d'après le second ordre de considérations dont nous parlions tout-à-l'heure, toutes les fois que l'action criminelle est subordonnée à l'existence d'un fait, d'un acte ou d'une convention, qui, ne pouvant être prouvés par témoins, ne peuvent pas, dès-lors, être jugés par le tribunal criminel.

Ainsi, par exemple, quand il s'agit de délits dirigés contre la propriété, si le prévenu vient dire : « C'est moi qui suis propriétaire de ce » fonds; ou bien : j'ai des droits tels que j'étais » autorisé à faire ce que j'ai fait : *feci, sed* » *jure feci* », on sent que toute idée de délit est subordonnée à cette question de *propriété* qu'on appelle *question préjudicielle de propriété*, parce qu'en effet elle *préjuge* tout; et comme c'est une question purement *civile*, et qui ne peut être jugée que dans les formes civiles, il y aura nécessité de suspendre l'instance criminelle jusqu'à ce que le tribunal civil ait jugé définitivement la question de *propriété* à laquelle l'autre se trouve subordonnée, ou du moins jusqu'à ce qu'un délai que pourra fixer le tribunal se soit écoulé, sans que le prévenu ait intenté l'action civile de *propriété*.

Il en serait de même, enfin, toutes les fois que l'action criminelle serait subordonnée à la solution d'une question *civile* qui ne pourrait être jugée que par un tribunal civil, comme, par exemple, l'action en *suppression de dépôt*, qui suppose nécessairement l'existence d'un dépôt, qui ne peut être prouvé lui-même, en général, que par écrit (Code civil, art. 1953); l'enlèvement d'une convention excédant 150 fr., délit qui suppose aussi, avant tout, l'*existence* de cette convention, laquelle ne peut non plus, sauf exceptions, être prouvée par témoins. Code civ., art. 1341.

Si l'on se trouvait dans des cas d'exception, et que la preuve testimoniale fût admissible, il paraît qu'il faudrait aussi faire exception à la règle ci-dessus, relative à la nécessité de suspendre l'instance criminelle.

Au reste, il faut le dire aussi, l'art. 327 du Code civil, rappelé plus haut, n'est relatif qu'à une réclamation *directe* d'état que suppose l'action en *suppression d'état;* et l'on admet, au contraire, que lorsqu'une question d'état ne se présente que d'une manière *incidente* et *accessoire*, comme, par exemple, s'il s'agit de savoir si le meurtrier est *parricide*, comme étant le fils de l'homicidé, ou si le coupable était en état de *démence* au moment du crime, on admet, disons-nous, dans ces cas et autres semblables,

que ces questions *incidentes* peuvent être jugées
par le tribunal saisi de l'action criminelle, sans
nécessité de renvoi au tribunal civil, par suite
du principe général que le juge de l'*action* est
juge de l'*exception*. *Voy*. sur-tout Répertoire,
aux *additions*, v.º *Parricide*, et arr. cass. *ibid.;*
et v.º *Démence* et autre arr. cass. *ibid.*

Mais alors ces questions ne sont censées jugées
que pour le *fait* même soumis au tribunal criminel, et restent *entières* pour tout le reste.

V. Il faut remarquer encore, relativement
à tous les tribunaux criminels en général, que,
de même que les tribunaux civils, ils sont tous
sous la surveillance et discipline du ministère de
la justice, qui peut, au besoin, mander leurs
membres près de sa personne pour s'expliquer
sur les faits qui leur sont imputés, et leur donner les avertissemens qu'il juge convenables ; et
que les tribunaux supérieurs ont aussi sur les
membres des tribunaux qui sont au-dessous
d'eux un droit de censure et de réprimande,
qu'ils ne peuvent, au reste, exercer qu'après avoir
entendu ou appelé le magistrat inculpé ; et leur
droit peut même aller jusqu'à la *suspension pro-*
visoire; mais, dans ce cas, comme dans celui de
la *censure avec réprimande*, leurs décisions ne

peuvent être mises à exécution qu'après avoir été confirmées par le ministre.

Tout cela est ainsi réglé, entr'autres, par la loi du 16 thermidor an 10, et par celle du 20 avril 1810.

Parmi les tribunaux chargés de statuer en matière criminelle, on peut distinguer ceux qui sont appelés à prononcer sur les délits *ordinaires* (ce sont sur-tout les délits prévus par le Code), et les tribunaux qui sont chargés de prononcer sur les délits *extraordinaires* ou d'exception, soit à raison des personnes qui les commettent, soit à raison de leur *nature*.

On doit ranger dans la première classe :

Les *tribunaux de police*,

Les *tribunaux correctionnels*,

Les *cours royales* (qui se subdivisent en plusieurs juridictions);

Et enfin, la *cour de cassation* (cette dernière est plutôt appelée, comme en matière civile et comme l'indique sa dénomination, à anéantir et à détruire tout ce qui est irrégulier, qu'à *statuer* elle-même; elle ne remplit pas un *degré de juridiction*).

On peut placer dans la seconde classe :

La juridiction spéciale des *prudhommes* (pour faits de police);

Les tribunaux *militaires*, soit pour l'armée de terre, soit pour la marine ;

Et enfin, la *cour des pairs*, considérée comme cour de justice.

On aurait peut-être pu ajouter à cette dernière catégorie,

1.° *L'université* qui, dans certains cas, a aussi une juridiction pénale sur ses membres ou sur ses élèves, juridiction qui peut aller jusqu'à prononcer *un an* de prison. Décret du 15 novembre 1811, art. 69;

2.° Les *consuls* qui, vis-à-vis les nationaux, ont aussi une juridiction de police et correctionnelle. Ordonnance de 1681 et édit de 1778.

Mais cette dernière juridiction ne s'exerce qu'en pays étranger, et tient d'ailleurs essentiellement au droit politique, étranger à notre travail; et la première est plutôt une juridiction de *discipline* qu'une véritable juridiction pénale; et d'ailleurs les cours royales peuvent toujours elles-mêmes réclamer cette juridiction, en se conformant aux règles particulières prescrites par les art. 479 et suivans du Code d'instruction criminelle, et par l'art. 10 de la loi du 20 avril 1820, pour le jugement de certains fonctionnaires élevés.

Nous avons omis, au reste, à dessein, dans
la

la première classe (celle des tribunaux ordinaires) les *cours spéciales*, soit *ordinaires*,
créées et organisées par le tit. 6 du liv. 2 du
Code d'instruction criminelle, soit *extraordinaires*, créées par des lois particulières (*voy*.
entr'autres loi du 20 avril 1810, art. 25 et suivans, et décret du 6 juillet même année, art. 107
et 108), parce que, depuis la promulgation
de la Charte constitutionnelle, qui a déclaré
(art. 62) que *nul ne peut être distrait de ses
juges naturels*, et qui n'a fait d'exception qu'en
faveur des *juridictions prévôtales*, *si leur réta-
blissement est jugé nécessaire*, parce que, disons-nous, on a regardé les *cours spéciales*
comme abrogées, excepté en Corse où le jury
n'a pas été établi.

TITRE I.er

Des tribunaux appelés à statuer sur les délits ordinaires.

CHAPITRE I.er

Des tribunaux de simple police.

LE tribunal de *police,* qui forme le degré inférieur de la hiérarchie judiciaire au criminel, est composé d'un seul juge; et ce juge est le juge de paix du canton, assisté du greffier de la justice de paix, et auprès duquel les fonctions du ministère public sont remplies par le commissaire de police, et, à son défaut, par le maire du lieu où siége le tribunal, et successivement par son adjoint.

Le Code d'instruction criminelle avait bien créé pour les communes non chefs-lieux de canton, et en *concurrence* avec les juges de paix, pour certaines contraventions, une juridiction de police qui devait être remplie par les maires dans chaque commune; mais des incon-

véniens qui se sont fait sentir dans cette institution ont empêché presque par-tout l'organisation de ces sortes de tribunaux; et comme
cette juridiction n'était pas forcée, et pouvait,
dans tous les cas, être remplacée par celle des
juges de paix, les choses sont restées presque
partout dans la même position que s'il n'eût jamais été question que de ces derniers comme
juges de police : en sorte qu'il nous suffit, pour
cette partie presque historique de notre législation criminelle, de renvoyer au §. 2 du tit. 1.er
du liv. 2 du Code d'instruction criminelle, qui
l'avait réglée. Nous ne parlerons donc unique-
ment que du juge de paix considéré comme
juge de police.

On voit, d'après ce que nous avons dit, qu'il
y a un tribunal de police dans chaque canton ;
cette règle générale souffre pourtant exception
pour le cas où il y a *plusieurs* justices de paix
dans la *même* commune.

Alors il n'y a qu'un seul tribunal de police
pour toute la commune, et il est rempli successivement par chacun des juges de paix de la
ville ou commune, sauf, en cas de besoin, à diviser le tribunal de police en deux sections,
qui seraient remplies chacune par un juge de
paix.

Toutes les fois qu'il y a plusieurs justices de paix dans la même commune, il y a un greffier *particulier* pour le tribunal de police, qui, au besoin, a un commis assermenté.

Chaque tribunal de police est compétent pour toutes les *contraventions de police* commises dans le canton, c'est-à-dire pour tous les faits qui peuvent être punis au plus de *cinq jours de prison*, ou de 15 *fr. d'amende*, et cela sans égard au domicile des prévenus, ni au lieu où ils peuvent être trouvés. *Voy.*, sur ces différens objets, Code d'instr., art. 137 à 144.

Le tribunal de police peut être *saisi* des objets de sa compétence :

1.º Par la citation donnée au prévenu, à la requête du ministère public ;

2.º Par celle qui lui serait donnée par la partie civile ou réclamante ;

3.º Par la comparution volontaire des parties, si elles consentent à se présenter sans citation et sur un simple *avertissement*.

Toute citation doit donner au prévenu, pour comparaître, un délai de *vingt-quatre heures au moins*, sauf abréviation par le juge dans les cas urgens, et sauf aussi augmentation d'un jour pour chaque trois myriamètres de distance.

Nous pourrions ajouter que le tribunal peut

être saisi par suite du renvoi qui, comme nous l'avons vu, aurait pu être prononcé par la *chambre du conseil* (art. 129); mais alors même encore une citation ou un avertissement devrait, sans doute, être donnée au prévenu.

Au reste, nous comprenons ici sous la qualification de *prévenu* même celui qui ne serait poursuivi que comme *civilement responsable*. Code pénal, art. 73 et 74; Code civ., art. 1384, 1952 et 1953.

Voy., sur ces différens objets, Code d'instr., art. 145, 146 et 147.

L'instruction se fait au tribunal de police ou par témoins, ou par les preuves résultant des procès-verbaux.

Le tribunal *peut* admettre à faire entendre des témoins contre les procès-verbaux que la loi n'a pas déclarés devoir être crus *jusqu'à inscription* de faux; mais contre ces derniers il ne le pourrait pas, et il ne resterait contre eux que cette ressource de l'inscription de faux.

Nous verrons plus tard, en parlant des tribunaux correctionnels, quels sont les procès-verbaux qui font foi jusqu'à inscription de faux, et quels sont ceux qui ne jouissent pas de cet avantage et peuvent être débattus par des preuves contraires.

La partie citée peut comparaître par elle-même ou par un procureur-fondé spécial.

Si elle ne comparaît pas, elle est *jugée* par défaut.

Si elle comparaît, la loi indique (Code d'instr., art. 153) dans quel ordre les défenses et conclusions respectives doivent avoir lieu, comment et à quel moment les témoins doivent être entendus, par qui et à quel moment les procès-verbaux doivent être lus.

Mais avant même le jour de l'audience, le juge peut, sur la demande du ministère public ou de la partie civile, prendre des renseignemens et faire ou faire faire des actes d'instruction.

Ces différens points sont réglés par les art. 149, 152, 153 et 154 du Code d'instruction criminelle, à quoi on peut ajouter les art. 155 et suivans, sur les qualités des témoins, leurs obligations et les formalités qui doivent entourer leurs dépositions.

Lorsque, par suite de l'instruction, ou même par suite de l'examen auquel il est obligé de se livrer, même en défaut, l'opinion du juge est fixée, il doit rendre immédiatement sa décision et la prononcer en audience publique. La loi

déclare que ce doit être *à l'audience où l'in-*
struction aura été terminée , et , au plus tard ,
dans l'audience suivante.

Et alors il arrive de *trois* choses l'une :

Ou bien le juge trouve que le fait imputé ne
présente ni délit ni contravention , ou qu'il
n'est nullement prouvé ;

Ou bien il trouve que c'est un délit proprement dit, ou même un fait plus grave ;

Ou bien , enfin , il trouve que c'est une simple
contravention , et qu'elle est suffisamment établie.

Dans le premier cas , le juge annulle la citation (s'il y en a eu de donnée) et tout ce qui
l'a suivie, renvoie le prévenu de la poursuite dirigée contre lui, et lui accorde, s'il y a lieu, des
dommages-intérêts contre le poursuivant ;

Dans le second , il ne peut que se déclarer
incompétent , et renvoyer les parties au procureur du Roi , afin qu'il poursuive ultérieurement, s'il le juge à propos, devant les tribunaux compétens ;

Enfin , dans le troisième cas , le juge applique
la peine de la *contravention* , et accorde, s'il y
a lieu , à la partie civile des restitutions et dommages-intérêts.

Dans tous les cas aussi, la peine de la partie

civile et du prévenu qui succombe est la condamnation aux frais de l'instance, même envers
la partie publique; et ils doivent être liquidés
par le jugement. Le jugement doit aussi énoncer (ce qui n'est point *prescrit* en matière civile) s'il est rendu en *premier* ou en *dernier*
ressort.

Nous verrons, en parlant de *l'appel*, dans
quels cas un jugement de *police* est rendu en
dernier ressort, et dans quels cas, au contraire,
il est sujet à appel.

Les objets ci-dessus sont réglés par les art. 153
in fine, 159, 160, 161, 162 et 163 du Code
d'instruction.

L'art. 164 indique à quel moment et sous
quelles peines la *minute* du jugement doit être
signée.

On connaît, contre les jugemens de police,
trois espèces de voies,

1.º L'*opposition* contre les jugemens par
défaut;

2.º L'*appel* contre les jugemens en *premier*
ressort, soit contradictoires, soit par défaut :

3.º Le *recours en cassation* contre les jugemens en *dernier ressort*, soit contradictoires,
soit par défaut qui ne sont plus susceptibles
d'opposition.

L'*opposition* peut avoir lieu , ou par déclaration au bas de la signification du jugement de défaut à la partie défaillante, ou par un acte séparé.

Dans ce dernier cas , elle doit avoir lieu , au plus tard, dans les *trois jours* de la signification du jugement, outre l'augmentation à raison des distances.

Dans tous les cas , l'opposition emporte, de *plein droit*, citation à la partie contre qui elle est formée pour la première audience de police qui aura lieu après les délais , c'est-à-dire après les *vingt-quatre heures*, et l'augmentation accordée par l'art. 146 pour comparaître au tribunal de police.

Mais si alors l'opposant ne comparaît pas (ni par lui-même, ni par un procureur-fondé spécial), son opposition est regardée comme non-avenue; et il ne pourra plus en former une autre (quand même il serait encore dans le délai), sauf à lui à avoir recours à l'appel ou au recours en cassation , suivant les circonstances. *Voy.* art. 150, 151 et 152.

A la différence de l'opposition qui se porte devant le *même tribunal*, l'appel se porte devant un tribunal supérieur.

Ainsi qu'on l'a remarqué, il peut avoir lieu toutes les fois que le jugement est en *premier ressort.*

Or, d'après l'art. 172 du Code d'instruction criminelle, « Les jugemens rendus en matière » de police *seront en premier ressort,* lorsqu'ils » prononceront un emprisonnement, ou lors- » que les amendes, restitutions et autres répa- » rations civiles excéderont la somme de *cinq* » *francs,* outre les dépens »; donc, s'ils pro- noncent des condamnations moindres, et, à plus forte raison, s'ils n'en prononcent pas, ils seront en *dernier* ressort et affranchis de l'appel.

L'appel se fait par un exploit ordinaire.

Il ne peut avoir lieu que dans les *dix jours* de la signification du jugement.

Il est porté au tribunal correctionnel du res- sort.

L'assigné doit avoir, pour comparaître sur l'appel, un délai de *trois jours,* outre distances. Argum. du Code d'instr., art. 184.

L'instruction se fera, et le jugement sera ren- du en appel, en général, d'après les formes indiquées pour le tribunal de *police.*

On doit remarquer que l'appel a un *effet sus- pensif,* c'est-à-dire qu'il empêche, jusqu'à ce

qu'il soit vidé, l'exécution du jugement attaqué ;
et on doit en dire autant de l'opposition, quoique la loi ne s'en explique pas aussi positivement. *Voy.* Code d'instr., art. 172 et suivans.

Enfin, le *recours en cassation* peut avoir lieu
contre les jugemens de *police* rendus en *dernier
ressort*, c'est-à-dire non susceptibles d'appel
(Code d'instr., art. 177) dans les cas suivans :

1.º Incompétence. *Voy.* Code d'instr.,
art. 408, 413 et 416 ;

2.º Contravention formelle à la loi. Arg. du
Code d'instr., art. 410, 411, 414, 299, etc. ;

3.º Inobservation des formes prescrites à peine
de nullité, à moins que ces formes n'aient été
prescrites dans l'intérêt de la défense, et que le
prévenu n'ait été renvoyé de la poursuite. Code
d'instr., art. 407, 408 et 413 ;

4.º Refus ou omission de prononcer sur une
demande (autorisée), soit du prévenu, soit du
ministère public, et sous la même restriction.
Eod.

Le délai du pourvoi en cassation est de *trois
jours francs*, à partir de la *prononciation* du
jugement, quand il est contradictoire, et de
l'expiration du délai d'opposition, quand il est

par défaut. Arg. du Code d'instr., art. 177 et 373.

Ce délai, comme le pourvoi lui-même, est suspensif de l'exécution du jugement (Arg. du Code d'instr., art. 373 du Code d'instr.), sauf au condamné à remplir les conditions qui lui sont imposées par l'art. 421, qui veut, avant tout, qu'on obéisse à la loi.

Le pourvoi, au reste, n'est suspensif que relativement au *genre* d'action pour lequel il est formé; en sorte, par exemple, que le pourvoi formé par la *partie civile* ne peut pas empêcher l'exécution du jugement qui absout sur l'*action publique* et réciproquement.

Le pourvoi en cassation se fait par une déclaration au greffe du tribunal qui a rendu le jugement attaqué (Code d'instr., art. 417); et cette règle, comme la précédente, est commune à tout pourvoi, de quelque tribunal que le jugement soit émané, sauf peut-être l'exception qui pourrait résulter de l'art. 299 du Code d'instruction criminelle. *Voy.* Legraverend, tom. 2, pag. 591.

Pour constater l'existence du pourvoi, la loi accorde à *toute personne* le droit de s'en faire délivrer expédition par le greffier. Code d'inst., art. 417.

Mais la déclaration ne suffit pas toujours : la loi veut encore, lorsqu'il est dirigé contre le prévenu, qu'il lui soit communiqué dans le délai de trois jours, outre distances ; (sans que cette dernière disposition paraisse prescrite à peine de déchéance).

Mais une autre condition prescrite sous cette peine, c'est celle qui est imposée à la *partie civile* qui se pourvoit, de consigner préalablement une amende de 150 fr., si le jugement est *contradictoire*, et de moitié, s'il est par *défaut*. Code d'instr., art. 419.

Il n'y a de dispensés,

1.° Que les *indigens* dont la position est constatée dans les formes voulues par l'art. 420 ;

2.° Les agens publics agissant pour les intérêts de l'Etat. Même art. 420.

La *partie civile* est aussi obligée de joindre aux pièces une expédition authentique du jugement attaqué. Art. 419.

Outre la déclaration de pourvoi, la *partie civile* ou le *condamné peuvent* encore remettre au greffe une requête contenant l'exposé de leurs moyens de cassation.

La loi leur accorde, pour cela, jusqu'à dix jours après le pourvoi, et *reconnaissance* ou *récépissé* doit leur en être remis. Art. 422.

Ce délai passé, le fonctionnaire qui aura rempli le ministère public, envoie toutes les pièces (qui lui ont été remises par le greffier) au ministère de la justice, avec un inventaire des mêmes pièces que doit lui remettre aussi le greffier, sous peine de 100 fr. d'amende (à prononcer par la cour de cassation). Art. 423.

La cour de cassation, saisie ensuite par l'intermédiaire du ministre de la justice, procède ultérieurement, comme nous le verrons en nous occupant des règles particulières à cette cour, et sauf au *condamné* et à la *partie civile* à lui transmettre directement toutes les pièces qu'ils jugeront à propos. Art. 424.

Ces différentes dispositions sont applicables à tout autre pourvoi que celui dirigé contre un jugement de *simple police* (*voy.* mêmes autorités), et en renvoyant à ce que nous venons de dire, nous pourrons aisément éviter des répétitions.

CHAPITRE II.

Des tribunaux de police correctionnelle.

ON appelle *tribunal correctionnel*, ou *tribunal DE POLICE CORRECTIONNELLE*, celui qui est appelé à statuer sur les *délits* proprement dits qui forment l'intermédiaire entre les *contra-ventions* et les *crimes*, et par appel sur les contraventions elles-mêmes.

Il existe pourtant certains *délits* qui sont jugés directement par les cours royales, à raison de la dignité de ceux qui les commettent. *Voy.* Code d'instr., art. 479 et suivans.

Le tribunal correctionnel connaît ainsi tantôt en *premier* ressort, tantôt en *dernier* ressort.

Il connaît en *premier* ressort des *délits* proprement dits, parce qu'en cette matière, comme nous le verrons, l'appel est toujours permis. Code d'instr., art. 179 et 199.

Il connaît en *dernier* ressort des *contraventions*, lorsque, comme nous l'avons vu, l'appel a pu être interjeté du jugement de police qui y a statué. Code d'instr., art. 174.

Certains tribunaux correctionnels connaissent aussi en *dernier ressort*, même à l'égard de *délits* proprement dits, comme nous le verrons en parlant de l'appel, d'après les art. 200 et 201.

Enfin, il est un cas où le tribunal correctionnel connaît tout à la fois en *premier et dernier* ressort; c'est lorsque, par erreur, un fait que l'on croyait un *délit*, et qui n'était réellement qu'une *contravention*, a été porté devant lui.

Alors, par la prééminence de sa juridiction, il juge en premier et dernier ressort, pourvu que, ni la *partie publique*, ni la *partie civile*, n'ait réclamé le renvoi à la police simple. (Code d'instr., art. 192). Nous verrons quelque chose de semblable pour les *cours d'assises*, relativement aux *délits* et *contraventions*.

Mais si tous les *délits* appartiennent en premier ressort aux tribunaux correctionnels, chacun d'eux ne peut connaître de cette manière que des délits qui ont été *commis* dans son territoire, ou dont *l'auteur* y *réside*, ou dont *l'auteur* a *pu y être trouvé* (Arg. du Code d'instr. crim., art. 23, 63, 69, 127, etc.), sauf (dans le cas de concurrence) la préférence au premier *saisi* : on pourrait appeler cela *renvoi pour litispendance*.

Les *tribunaux correctionnels* ne sont autre chose que les tribunaux *civils* ou *d'arrondissement* agissant dans une autre *qualité*. Ce sont ainsi les mêmes *hommes* et des *fonctionnaires différens*.

Cependant, dans les tribunaux composés de plusieurs sections, l'une d'elle est spécialement chargée des affaires correctionnelles. *Voy.* Code d'instr., art. 179, et décret du 18 août 1810, art. 3 et suivans.

Les

Les tribunaux *correctionnels*, comme les tribunaux *civils*, prononcent au nombre de *trois* juges au moins. Code d'instr., art. 180, et loi du 20 avril 1810, art. 40.

Et quand ils jugent comme tribunal d'appel en *matière correctionnelle*, comme nous l'avons annoncé pour certains cas, ils doivent être *au nombre de cinq juges*. Même art. 40.

A défaut de juges titulaires, ou de juges auditeurs ayant l'âge requis, on complète le tribunal par des suppléans ou par des avocats ou avoués. *Voy.* loi du 30 germinal an 5, décret des 22 mars 1813 et 14 décembre 1810.

Les fonctions du ministère public auprès du tribunal correctionnel sont remplies par le procureur du Roi du tribunal civil, ou un de ses substituts, et celles de greffier par le greffier ou un commis-greffier du tribunal civil.

Nous verrons successivement, pour le tribunal *correctionnel*, comme nous l'avons vu pour le tribunal de police,

1.º Comment ce tribunal est saisi des causes de sa compétence;

2.º Comment l'instruction se fait devant lui;

3.º Ce que peut porter le jugement qu'il rend;

4.º Enfin, comment ce jugement peut être attaqué.

9

ART. Ier

Comment le tribunal correctionnel est saisi.

Il peut l'être de cinq manières :

1.º Par la citation donnée au prévenu par le procureur du Roi; et pour les délits *forestiers*, par les agens forestiers. Code d'instr., art. 182, et Code forestier de 1827, art. 159;

2.º Par la citation donnée au prévenu par la *partie civile*. Même art.;

3.º Par le renvoi qui aurait été prononcé par la *chambre du conseil*, ou par le tribunal de *simple police*, d'après les art. 130 et 160 du Code d'instruction criminelle, ainsi qu'on l'a vu, ou, enfin, par la chambre d'accusation de la cour royale, d'après l'art. 230, comme nous le verrons en nous occupant de sa compétence;

4.º Par l'appel qui aurait été interjeté d'un jugement de *simple police*, ou même quelquefois d'un jugement de *police correctionnelle* ainsi qu'on le verra. Code d'instr., art. 174, 200 et 201;

5.º Enfin, par la circonstance que le *délit* aurait été commis à l'audience même du tribunal. Code d'instr., art. 181.

Mais la loi ne dit plus ici que le tribunal

pourra être saisi par un simple *avertissement,* et lorsque les parties *comparaîtront volontairement* devant lui, comme elle l'a dit pour les tribunaux de *simple police* art. 147.

On doit remarquer aussi que si la *partie civile* a le choix entre la *plainte* devant le juge d'instruction (Code d'instr., art. 63), et la *citation directe* devant le tribunal (art. 182), cependant, quand elle a épuisé infructueusement l'une de ces voies, elle ne peut pas alors revenir à l'autre; son choix est consommé : *non bis in idem. Voy.* Legraverend, tom. 2, pag. 337.

La citation, de qui qu'elle émane, doit donner au prévenu au moins un délai de *trois jours,* outre les distances, à peine de nullité du jugement qui serait rendu *en défaut,* nullité cependant qui serait couverte, si elle n'était pas proposée *in limine litis.* (Code d'instr., art. 184). Ces dernières dispositions sont applicables au tribunal de *simple police.* Code d'instr., art. 146.

La citation, outre les faits qu'elle doit rappeler, doit renfermer élection de domicile de la part de la *partie civile* au lieu où siége le tribunal qui doit statuer, et cela pour donner plus de facilité au prévenu pour les actes de sa défense. Art. 183.

Lorsque la poursuite ne peut pas avoir pour

résultat *l'emprisonnement* du prévenu , la loi l'admet à se faire représenter par un *avoué*, sauf aux juges à ordonner, quand ils le jugent à propos, sa comparution en *personne*. (Art. 185). Il en serait de même en *matière civile*. Code de procédure civile, art. 119.

Si le prévenu ne comparaît pas de la manière déterminée par la loi, il est *jugé* en défaut. Art. 186 ; *idem* en *police simple*, art. 149.

ART. II.

De l'instruction.

La loi, sur ce point, adopte les mêmes règles que pour les tribunaux de *police*, et que nous avons rappelées plus haut (Code d'instr. , art. 189), sauf qu'elle n'admet pas ici cette instruction préalable qu'elle permet au *juge de police* même avant l'audience sur la demande du ministère public ou de la partie civile. Art. 148.

Ainsi, la preuve des délits (outre les preuves écrites qui pourraient exister, ou les aveux qui pourraient échapper au prévenu) se fera par *procès-verbaux* et par *témoins*.

Les règles sur les témoins sont aussi les

mêmes ici que pour la police simple. Même
art. 189.

Mais en matière de *faux*, la loi trace une
marche particulière. *Voy.* Code d'instr., art. 448
et suivans.

Quant aux procès-verbaux, qui ne sont autre
chose que des rapports faits par des officiers publics de ce qu'ils ont fait dans l'exercice de leurs
fonctions, ou de ce qui a été dit ou fait en leur
présence (*voy.* Legraverend, t. 1.er, p. 180),
les uns font preuve *jusqu'à inscription de faux*,
et d'autres peuvent être *combattus* par des
preuves contraires, quand le tribunal *juge à
propos de les admettre.* Code d'instr., art. 154.

On range dans la classe des procès-verbaux
crus *jusqu'à inscription de faux*,

1.º Les procès-verbaux des *gardes-forestiers*
dressés par *deux* gardes, quelle que soit l'étendue des condamnations auxquelles ils peuvent
donner lieu.

Et quand ils ne sont dressés que par un *seul*
garde, ils ne font foi jusqu'à inscription de
faux que lorsque l'amende et les dommages-intérêts ne s'élèvent pas au-dessus de *cent francs.*
Code forestier, art. 176 et 177 ;

2.º Les procès-verbaux des préposés des
douanes. Loi du 9 floréal an 7, tit. 4, art. 2 ;

3.° Ceux des employés des impôts indirects et des préposés à la surveillance de la garantie des matières d'or et d'argent. *Voy.* loi du 5 ventôse an 12, art. 80 et suivans; loi du 9 brumaire an 6, etc.

Le tout, bien entendu, pour les objets confiés à la surveillance de ces agens.

Les autres procès-verbaux (et ceux des gardes-champêtres entr'autres) sont rangés dans la seconde classe, et ne font foi que jusqu'à preuve contraire.

La loi indique dans quel ordre les procès-verbaux doivent être lus, les témoins entendus et le prévenu interrogé; et dans quel ordre le ministère public, les agens forestiers, la partie civile et le prévenu doivent être successivement admis à présenter l'attaque ou la défense à l'audience du tribunal correctionnel. *Voy.* Code d'instr., art. 190.

ART. III.

Du jugement.

Le jugement (arrêté à la majorité, excepté en cas d'absolution où le partage suffit en faveur du prévenu, arg. du Code d'instr., art. 347) doit être prononcé à l'audience où l'instruction est terminée, ou, au plus tard, à l'audience suivante. Même art. 190.

La prononciation peut alors varier à-peu-près
comme celle du jugement de police simple :

En effet,

Ou le tribunal trouve que le fait n'est ni un
délit, ni une *contravention*, et alors il doit renvoyer le prévenu, sauf à lui accorder des dommages contre la partie civile, s'il le juge à propos. Art. 191.

Il en serait de même si le fait, considéré
comme *délit* ou *contravention*, n'était nullement
prouvé, ou ne l'était pas suffisamment ;

Ou bien il trouve que c'est plus qu'un *délit*,
et alors il renvoie le prévenu au juge d'instruction compétent, sauf à décerner contre lui un
mandat de *dépôt* ou d'*arrêt*, s'il le juge à propos. Art. 193 ;

Ou bien, enfin, il s'agit d'un *délit* ou d'une
contravention, (et le fait est suffisamment
établi) ;

Dans le premier cas, le tribunal applique la
peine ;

Dans le second (c'est-à-dire quand il s'agit
d'une simple *contravention*), il l'applique aussi,

à moins que la *partie publique* ou la *partie civile* n'ait demandé le renvoi au tribunal de *police.* (Art. 192). (C'est le cas où le tribunal correctionnel juge *tout à la fois* en premier et dernier ressort).

Quant aux frais de l'instance, il en est au tribunal *correctionnel* comme au tribunal de *police.* Art. 194–162.

Il en est de même aussi pour le délai dans lequel le jugement doit être signé. Art. 196–164.

Il doit l'être par tous les juges qui l'ont rendu, et non pas seulement par le président comme en matière civile. Même art. 196.

ART. IV.

Voies ouvertes contre le jugement.

Le jugement correctionnel peut être attaqué de trois manières, suivant les cas ; par *opposition*, s'il est par défaut ; par *appel*, s'il est en *premier* ressort (ce qui est presque toujours), et par *cassation*, s'il est en *dernier* ressort.

1.° *Opposition.*

Le *délai* de l'opposition est de *cinq jours*, à partir de la signification du jugement au prévenu (Code d'instr. , art. 187). Elle emporte, de droit, citation pour la première audience du tribunal. Art. 188.

Mais, 1.º elle est regardée comme non-avenue, si l'opposant ne paraît pas à cette audience; 2.º on ne pourrait pas en former une seconde contre un second jugement de défaut. Même art. 188.

Elle doit être formée par exploit. Argument d'art. 137.

2.º *Appel.*

Le *délai* de l'appel est, en général, de *dix jours*, qui courent, savoir : de la *prononciation*, si le jugement est *contradictoire*, et de la *signification* au prévenu, s'il est en défaut contre lui. Art. 203 : c'est-à-dire qu'il ne dure que cinq jours après le délai d'opposition qui lui est accordé.

Mais, à l'égard du ministère public *près le tribunal qui doit statuer sur l'appel*, le délai est plus long : il est de *deux mois* depuis la prononciation, ou d'*un mois* depuis la *signification* à lui faite. Art. 205.

Le premier délai, ou délai général de *dix jours*, et, dans tous les cas, l'instance d'appel, sont suspensifs de l'exécution. Art. 203.

La loi ne le dit point aussi positivement pour

l'*opposition*; mais il en doit être ainsi à plus forte raison.

L'appel se fait, en général, par une déclaration au greffe du tribunal qui a rendu le jugement, sauf à y déposer (dans le même délai) une requête énonciative des moyens d'appel. Art. 203 et 204.

Mais l'appel du ministère public du tribunal supérieur doit être fait par exploit notifié au prévenu. Art. 205.

Les délais d'appel, au reste, comme ceux d'opposition, sont prescrits à peine de déchéance. Art. 203 et 205;

Et la faculté d'appeler (outre le ministère public du tribunal où la cause doit être portée au second degré de juridiction) appartient à tous ceux qui ont été parties dans la cause, chacun en ce qui le concerne. Art. 202.

Mais il n'y aura de dévolu au tribunal d'appel que l'objet sur lequel il y aura eu appel, *tantum devolutum quantum appellatum*. Cette maxime, vraie en matière civile, l'est également en matière criminelle.

La loi, au reste, accorde la faculté d'appeler en matière de *délits*, d'une manière beaucoup plus étendue qu'en *simple police*; elle ne fait d'exception que pour les jugemens qui statuent sur de simples *contraventions*, dans le cas déterminé par l'art. 192 déjà cité. *Voy.* art. 199.

Quant au tribunal où l'appel doit être porté, il faut distinguer :

Ou bien il s'agit de jugemens rendus dans le *département* où siége la cour royale,

Ou bien il s'agit de jugemens rendus dans un autre département :

Dans le premier cas, l'appel est porté indistinctement à la cour royale du ressort, *chambre correctionnelle*;

Dans le second cas, il faut encore distinguer : ou bien il s'agit de jugemens rendus par des tribunaux autres que celui du chef-lieu de département; ou bien, au contraire, il s'agit de jugemens rendus par le tribunal du chef-lieu lui-même.

Dans le premier cas, l'appel est porté au tribunal du chef-lieu;

Dans le second, il faut encore faire une sous-distinction : ou bien la distance de ce tribunal à celui du chef-lieu d'un autre département *de la même cour royale* est moins grande que la distance du même tribunal à la cour royale, et alors l'appel est porté à ce *tribunal* du chef-lieu voisin; ou bien, c'est le cas contraire qui se réalise, et alors l'appel se porte encore à la cour royale.

L'art. 200, qui porte ces premières dispositions, ajoute qu'*il sera formé un tableau des tribunaux de chefs-lieux auxquels les appels seront portés ;* mais sans *que les tribunaux puissent, dans aucun cas, être respectivement juges d'appel* les uns des autres. *Voy.* art. 200 et 201, et loi du 20 avril 1810, art. 40.

Cette disposition a été exécutée par un décret du 18 août 1810, et par un tableau qui y est joint. Il en résulte notamment, pour ce qui regarde le ressort de la cour royale de Grenoble, que l'appel de tous les tribunaux de chefs-lieux de ce ressort se porte à cette cour.

On peut remarquer ici une dérogation importante au principe qui ne permet pas à un tribunal de contrôler et de réformer la décision d'un tribunal du *même ordre* que lui, vice qui se trouvait déjà dans la législation civile de 1790 d'une manière beaucoup plus étendue.

Mais, 1.º cette dérogation (qui est la seule que nous connaissions aujourd'hui en ce genre) a eu pour but d'éviter des déplacemens pénibles; 2.º pour la pallier, en quelque sorte, la loi veut que, lorsqu'un tribunal correctionnel est ainsi

dans le cas de juger *en appel* sur la décision d'un
autre tribunal correctionnel, il soit composé
d'un plus grand nombre de juges, c'est-à-dire
de *cinq* juges, qui est le nombre que doit présenter la chambre correctionnelle elle-même de la
cour royale. Loi du 20 avril 1810, art. 40.

L'instruction devant le tribunal correctionnel,
quand il juge en appel, se fait comme lorsqu'il
juge en première instance (art. 210 et 211),
à la différence que la discussion à l'audience est
précédée d'un rapport fait par l'un des juges.
Art. 209.

Les résultats du jugement sont aussi à-peu-
près les mêmes. Art. 212 et suivans.

Et pour mettre le tribunal d'appel en mesure
de statuer, la loi exige que le procureur du Roi
du tribunal qui a prononcé en première instance
envoie, sans délai, au greffe du tribunal d'appel,
la requête d'appel qui aurait pu être remise au
greffe de première instance et les autres pièces
qui pourraient être en son pouvoir, et que même
il fasse transférer le prévenu (s'il était en état
d'arrestation) dans la maison d'arrêt du siège
du tribunal d'appel. Code d'instr., art. 207.

3.° *Cassation.*

Comme le recours en cassation ne peut avoir
lieu que contre les jugemens rendus en *dernier*

ressort (Code d'instr., art. 413, 416, etc.),
on sent que cette voie de recours ne pourra
avoir lieu contre les jugemens des tribunaux
correctionnels que dans deux cas :

1.º Lorsqu'ils jugent une contravention en
premier et dernier ressort, comme l'admet,
ainsi qu'on l'a vu, l'art. 192 du Code d'instruction criminelle;

2.º Lorsque, jugeant par voie d'appel, ils jugent nécessairement en dernier ressort, puisqu'en matière criminelle, comme en matière
civile, il ne peut jamais y avoir plus de deux
degrés de juridiction. Code d'instr., art. 216.

Les moyens de recours sont les mêmes que
contre les jugemens en dernier ressort rendus
par les tribunaux de police ; et il faudra procéder de la même manière et dans les mêmes délais. *Voy.* Code d'instr., art. 408, 413, 416
et suivans, et notre paragraphe *des tribunaux
de simple police.*

L'exécution des jugemens correctionnels,
comme de toute autre décision en matière criminelle, est poursuivie, savoir, par le ministère public, pour la pénalité et ses accessoires,
sauf l'intervention, au besoin, des agens des
domaines (Code d'instr,, art. 197), et par les
autres parties, pour leurs intérêts civils et par
les voies civiles.

CHAPITRE III.

Des cours royales.

LES cours royales, sous le rapport *criminel*, se divisent sur-tout en trois juridictions : 1.º la *chambre correctionnelle* chargée de statuer sur les appels en matière *correctionnelle ;* 2.º la *chambre d'accusation* chargée de prononcer sur les mises en accusation, relativement aux crimes proprement dits, après le renvoi prononcé par la *chambre du conseil*, ou sur les *oppositions à la mise en liberté* ordonnée par cette chambre elle-même ; 3.º les *cours d'assises* appelées à statuer, avec l'intervention des jurés, sur les *crimes* qui leur ont été renvoyés par la chambre d'accusation.

ART. I.er

De la chambre correctionnelle.

La *chambre correctionnelle* est composée de cinq conseillers au moins, et ne pourrait pas juger au-dessous de ce nombre. *Voy.* décret du 6 juillet 1810, fait en exécution de la loi du 20 avril précédent, art. 2.

Elle statue, comme les tribunaux correction-

nels eux-mêmes, quand ceux-ci sont chargés
de prononcer en appel ; et ces arrêts, comme
ceux de ces tribunaux, ne peuvent être rétrac-
tés que par voie d'*opposition*, quand ils sont
par défaut, et annulés que par voie de *cassation*. *Voy.* le paragraphe précédent, article *de
l'appel* et de *la cassation*, et Code d'instr.,
art. 200 et suivans.

Art. II.

De la chambre d'accusation.

La chambre d'*accusation* est aussi composée
de cinq magistrats au moins (1). Même décret
du 6 juillet 1810, art. 2.

Elle est ainsi appelée, parce qu'elle est essentiellement instituée pour prononcer sur la *mise
en accusation* des prévenus au *grand criminel*,
remplaçant ainsi ce que nous connaissions pré-

---

(1) Il y a des cours où il y en a plusieurs. Et lorsqu'à raison de la gravité d'une affaire le procureur
général le demande (*après en avoir conféré avec le premier président*), elles doivent se réunir. Ailleurs on
pourrait dans le même cas réunir la *chambre d'accusation* et la *chambre correctionnelle*. Voy. décr. du 6
juillet 1810, art. 3.

cédemment

cédemment sous le nom de *Jury d'accusation.*
Cod. d'instr., art. 218 et suiv.

La chambre d'accusation est saisie par le
renvoi qui lui est fait par les ordonnances de
la chambre du conseil, ou par les oppositions
formées à ces ordonnances elles-mêmes, à la
suite desquelles nous avons vu (chap. *du juge
d'instruction*) que les pièces ont dû être transmises à M. le procureur général de la cour
royale. Cod. d'instr., art. 133, 135.

Dans les cinq jours de la réception, ce magistrat, par lui-même ou par un de ses substituts, doit mettre l'affaire en état, et, dans
les cinq jours suivans, faire son rapport à la
chambre d'accusation. Art. 217.

Lecture des pièces est donnée par le greffier,
en présence du procureur général.

Ni le prévenu ni la partie civile ne peuvent
être présens; mais ils ont pu fournir des mémoires qui sont laissés sur le bureau, avec les
autres pièces et le réquisitoire du procureur général. Art. 217, 222 et 223.

Après que le procureur général et le greffier
se sont retirés, les juges délibèrent sans désemparer. Art. 224 et 225.

S'ils trouvent qu'il n'y a ni *délit* ni *contravention,* ni *crime,* ou que la prévention n'est

10

pas fondée sur des *indices suffisans*, ou bien, enfin, que le prévenu doit être renvoyé au tribunal de *police* ou au tribunal *correctionnel*, ils font ce qu'aurait dû faire la chambre du conseil elle-même dans ces différens cas. *Voy.* le paragraphe qui la concerne, et Code d'instr., art. 229 et 230.

Si, au contraire, la chambre d'accusation pense que c'est un fait où l'accusation appartient à la cour de *cassation*, ainsi que nous le verrons en nous occupant des attributions de cette cour, elle devrait lui renvoyer l'affaire, et le procureur général devrait lui-même requérir ce renvoi. Art. 220.

Il en devrait, sans doute, être de même pour toute affaire qui lui paraîtrait appartenir à quelque juridiction spéciale, et notamment de celles que les art. 33 et 34 de la Charte constitutionnelle ont placés dans la compétence de la chambre des pairs.

Si, enfin, la chambre d'accusation pense que le fait (établi sur des indices suffisans) est de la compétence de la cour d'assises, elle doit le lui renvoyer. C'est ce qu'on appelle la *mise en accusation.* Art. 231, 221 *in fine.*

Ensuite de cet arrêt, le procureur général

rédige contre le prévenu un *acte d'accusation*
dont les formes sont indiquées par l'art. 241.

Il ne pourrait en rédiger contre aucun autre
individu, ni porter aucune autre affaire à la cour
d'assises, à peine de prise à partie, suivant les
cas, et de nullité. Art. 271.

L'arrêt et l'acte d'accusation sont signifiés
à l'accusé; et vingt-quatre heures après, il
est transféré dans la maison de justice établie
près la cour où il doit être jugé. Art. 242,
243, 291 et 292.

En même temps, le procureur général in-
forme de l'arrêt de renvoi, soit la cour d'assises
qui doit statuer (1), soit le maire du lieu où le
crime a été commis, soit celui du domicile de
l'accusé s'il est connu. Art. 245.

La cour d'assises procède ensuite comme
nous le verrons bientôt.

Au reste, l'arrêt par lequel la chambre d'accusation aurait mis hors d'instance un prévenu,
n'empêcherait pas de nouvelles poursuites contre
lui, *s'il survenait de NOUVELLES charges.*
Art. 246.

---

(1) Sans doute dans la personne du président des
assises.

Les articles suivans indiquent ce qu'on doit
entendre par *charges* NOUVELLES *,* et comment
on procède en pareil cas.

Si, au lieu de pouvoir prononcer une mise
hors de cour, ou un renvoi à un tribunal quelconque, la chambre d'accusation ne se trouvait
pas suffisamment instruite, elle pourrait ordonner des informations nouvelles, même faire apporter les *pièces de conviction* que nous avons
vu, d'après l'art. 133, devoir rester au greffe
de première instance, pendant que les autres
ont été envoyées au procureur général, mais
le tout dans un bref délai; et après ces nouvelles instructions, elle statuerait enfin sur la
mise en accusation. Art. 228.

Non-seulement la chambre d'accusation peut
être saisie ensuite d'un renvoi de la *chambre
du conseil,* ou d'une opposition à la mise en liberté ordonnée par cette chambre, comme on
vient de le voir; mais, en vertu de la disposition
importante de l'art. 235 du Code d'instr. crim.
dont il a déjà été question, elle peut encore
prendre l'initiative dans *toute* affaire, soit qu'il
y ait ou non instruction commencée, informer
ou faire informer, et remplir ainsi tout à la fois

les fonctions de la *chambre du conseil* et celles de la *chambre d'accusation*, ou même agir malgré une décision précédente de la chambre du conseil (qu'on doit regarder plutôt comme un *acte de police judiciaire*, que comme un véritable *jugement*, sauf à la *partie civile* et au *procureur du Roi* à ne pouvoir l'attaquer que de la manière déterminée par la loi, art. 135) (1).

Les art. 236 et suivans indiquent les formes particulières que la chambre d'accusation doit suivre en pareil cas.

Enfin, indépendamment des ordonnances de la chambre du conseil qui peuvent lui être déférées, et des poursuites d'office que peut faire la chambre d'accusation, d'après les dernières

---

(1) Nous pensons du moins que c'est ainsi qu'on doit entendre le haut pouvoir confié par l'art. 235 à la chambre d'accusation, malgré une décision contraire de la cour de cassation.

Quelques personnes, et entr'autres MM. Bourguignon et Carnot, expliquant cet art. 235 par l'art. 11 de la loi du 20 avril 1810, avaient d'abord cru que le droit accordé par l'art. 235 du Code d'instruction criminelle, n'appartenait qu'à la *cour royale*, chambres assemblées; mais cette erreur n'a pas tardé à être reconnue. Le droit accordé par l'art. 11 est tout-à-fait *distinct* et *indépendant* de celui dont parle l'art. 235 du Code d'instruction criminelle : nous reviendrons sur le premier.

observations que nous venons de faire, le procureur général peut encore lui adresser toutes
réquisitions qu'il jugera à propos, relativement
à toutes décisions des tribunaux inférieurs qui
auraient mal-à-propos attribué à la *police cor-*
rectionnelle ou à la *police simple* des affaires
qui auraient des caractères plus graves, et la
chambre d'accusation peut les réformer et les
rectifier. *Voy.* Cod. d'instr., art. 250.

Et pour mettre le *procureur général* dans le
cas de pouvoir agir ainsi, l'art. 249 oblige
les *procureurs du Roi* du ressort de lui envoyer, *tous les huit jours*, une notice de toutes
les affaires qui sont survenues dans cet intervalle en matière pénale.

L'arrêt de la chambre d'accusation ne peut
être attaqué que par *recours en cassation*, et
encore dans les seuls cas suivans, (au moins
dans le délai dont il va être question) ; savoir :

1.º Si le fait n'est pas qualifié *crime* par la loi ;

2.º Si le ministère public n'a pas été entendu ;

3.º Si l'arrêt n'a pas été rendu par le nombre
de juges fixé par la loi. Code d'instr., art. 299
et 300.

Le délai de recours (prescrit à peine de déchéance) est de *cinq jours.*

Il ne court contre l'accusé que de l'interrogatoire que doit lui faire subir ultérieurement
le président des assises , et de l'avertissement
qu'il lui donne à ce sujet au moment de cet interrogatoire comme nous le verrons ;

Et contre le procureur général , que du jour
du même interrogatoire.

Voy. Code d'instr., art. 296 , 297 et 298.

Ce recours ne paraît pas applicable à la
partie civile;

Mais il n'empêche pas la continuation des
procédures , au moins jusqu'à l'ouverture des
débats devant la cour d'assises.

Quant à *l'appel*, on n'en connaît point pour
les arrêts de la chambre d'accusation : il n'y a
point de tribunal d'appel à leur égard.

Et quant à *l'opposition*, elle ne peut pas
avoir lieu non plus , puisque le prévenu lui-
même n'est pas appelé devant la cour, qu'il
ne peut pas y paraître , et qu'ainsi il ne peut
pas se plaindre de son *défaut.*

ART. III.

De la cour d'assises.

Les *cours d'assises* sont chargées de statuer
définitivement sur les affaires dans lesquelles

la *chambre d'accusation* a prononcé des *mises
en accusation ;* et chacune d'elles connaît des
affaires instruites dans le *département* où elle
siége , sauf les cas de renvois par la cour de
cassation , et quelques autres exceptions. *Voy.*
entr'autres loi du 20 avril 1810 , art. 18 ; Code
d'instr. , art. 429, 443, 444, 445, etc.

Leur dénomination seule annonce qu'elles
ne sont point permanentes, et qu'elles ont des
sessions régulières et périodiques.

Ces sessions sont au nombre de quatre régulièrement dans chaque département , chaque
année, à moins que le besoin du service n'exige
qu'elles aient lieu plus souvent. Code d'instr. ,
art. 259.

L'époque de l'ouverture de chaque session
est indiquée dans l'ordonnance même de nomination du président des assises. Décret du
6 juillet 1810 , art. 80.

Elles se tiennent régulièrement au chef-lieu
du département , à moins que la cour royale
n'en décide autrement , chambres assemblées.
Code d'instr. , art. 258 , et décret du 6 juillet
1810 , art. 90.

Non-seulement les *cours d'assises* ne sont
point permanentes , mais leur composition
même ne l'est pas.

Elles sont formées, pour chaque session, au nombre de cinq membres, (Code d'instr., art. 252 et 253, et même décret, art. 82 et 92), qui sont choisis ainsi qu'il suit :

Savoir : le *président* est toujours un membre de la cour royale (Code d'instr., art. 252 et 253), sauf remplacement, en cas d'empêchement survenu, à la forme de l'art. 263 du Code d'instr. ; (et c'est sans doute pour cela qu'on regarde les cours d'assises comme une émanation des cours royales).

Mais quant aux autres membres, il faut distinguer :

Ou bien il s'agit des assises qui se tiennent dans le *département où siège la cour royale*, et alors ils sont aussi tous membres de la cour royale. Art. 253.

Ou bien il s'agit des assises d'un autre département, et alors ils sont pris dans le sein du tribunal du lieu où se tiennent les assises, à moins qu'on ne juge à propos d'y envoyer des *auditeurs* de la cour, ou même des *conseillers*. Même art. 253, et art. 254, 255 et 256.

Le choix, soit du président, soit des autres membres de la cour d'assises, est fait par le ministre de la justice ou par le premier président de la cour royale ; savoir :

Par le *ministre*, pendant la tenue des assises, pour les assises suivantes ;

Et par le *premier président*, dans les *huit jours* qui suivent les assises, quand le ministre n'a pas usé du droit ou de la préférence que la loi lui accorde. Même décret, art. 79.

L'ordonnance de nomination faite par le premier président, est publiée le dixième jour, au plus tard, après la clôture des assises. Il rend une ordonnance semblable, et qui est publiée de la même manière, pour faire connaître la nomination faite par le ministre, quand c'est lui qui a nommé. Même décret, art. 80 et 88.

Cette même ordonnance indique le jour de l'ouverture des assises. *Voy.* même article, dérogeant à l'art. 260 du Code d'instr., (qui accordait le droit de fixer le jour de l'ouverture des assises au président des assises lui-même).

En cas d'assises *extraordinaires*, le président de la dernière session en sera le président de droit (Même décret, art. 81), sauf remplacement en cas d'empêchement, à la forme du même article.

La loi, pas plus en matière *criminelle* qu'en matière *correctionnelle* ou de *police*, n'a in-

diqué des causes de récusation contre les juges
ou présidens ; mais on y supplée par les dispositions du Code de procéd. civile. (Art. 378
et suiv.). L'art. 257 du code d'instruction
criminelle déclare, au reste, *incapables* de
faire partie des assises les magistrats qui auraient coopéré à l'arrêt d'accusation, à peine
de nullité.

Dans le cas où un juge aurait été écarté,
soit par suite de l'application de cet article,
soit par suite de récusation, il y aurait lieu
de le remplacer, pour cette affaire, dans les
formes ordinaires.

Les fonctions du ministère public auprès de
la cour d'assises sont remplies, savoir :

Dans le département de la cour royale, par
le procureur général ou un de ses substituts ;

Et dans les autres départemens, par le procureur du Roi du lieu où se tiennent les assises, ou un de ses substituts. Code d'instr.,
art. 252 et 253.

Les fonctions de *greffier* sont remplies par
le greffier de la cour ou du tribunal de première instance, suivant que les assises se tiennent dans le département de la cour, ou dans
un autre département. *Eod.*

La cour d'assises ainsi constituée n'a réellement d'existence que du jour fixé pour l'ouverture des assises, époque à laquelle un jury,
dont nous allons indiquer la composition, lui
est adjoint pour *prononcer* sur le *fait*, en
ne laissant, en général, à la cour elle-même
que l'application du *droit*.

Mais, avant l'ouverture des assises, le président et le greffier, ainsi que le ministère public, ont déjà qualité pour agir.

Cette procédure préliminaire se fait ainsi
qu'il suit :

D'abord, la loi charge le procureur général
ou son substitut de veiller à ce que tout soit
prêt et disposé pour le jour de l'ouverture des
assises. Code d'instr., art. 272.

Ensuite, et dans les *vingt-quatre heures* qui
suivent la translation de l'accusé au lieu où
doivent se tenir les assises, dont nous avons
parlé à l'article précédent, et de l'arrivée de
toutes les pièces qui doivent être envoyées en
même temps, le président doit immédiatement interroger l'accusé, ou par lui-même,
ou par un juge qu'il aura délégué. Code d'instr.,
art. 291, 292, 293.

Au moment de cet interrogatoire (qui est
recueilli par le greffier), la loi charge le président de choisir un défenseur à l'accusé, s'il

n'en avait pas choisi lui-même. Cette disposition
est prescrite à peine de nullité; mais rien n'empêcherait plus tard l'accusé de choisir un autre
défenseur que celui qui lui aurait été donné par
le président.

Ce choix, au reste, ou de l'accusé, ou du président, ne peut avoir lieu que parmi les avocats
ou avoués du ressort de la cour royale, à moins,

1.º Que l'accusé ne soit autorisé à prendre
pour défenseur un *parent ou ami;* ou à moins,

2.º Que l'avocat choisi hors du ressort de la
cour royale n'ait lui-même été autorisé, à la
forme de l'art. 38 de l'ordonnance du 20 novembre 1822, à plaider hors du ressort de sa
cour royale.

Voy. Code d'instr., art. 294 et 295, et même
art. 38.

C'est aussi à ce même moment (1) que le président doit avertir l'accusé *que, dans le cas où
il se croirait fondé à former une demande en
nullité, il doit faire sa déclaration dans les
cinq jours suivans, et qu'après l'expiration de
ce délai il n'y sera plus recevable.* (Code
d'instr., art. 296). *Voy.* précédemment ce
qui a été dit de la *chambre d'accusation.*

_____

(1) Au moment de *l'interrogatoire.*

Et c'est de ce moment seulement que court le délai accordé à l'accusé pour recourir en cassation contre l'arrêt d'accusation dont nous avons parlé au chapitre précédent. Code d'instr., art. 297.

. Rien n'empêche ensuite le président , s'il le juge à propos, de procéder à un second ou ultérieur interrogatoire, puisque la loi le charge spécialement d'employer tous les moyens qu'il croira convenables pour découvrir la vérité. *Voy.* Code d'instr. , art. 268.

. Après le premier interrogatoire , l'accusé a la faculté de communiquer avec son défenseur.

On lui remet *gratuitement* une copie des *procès-verbaux constatant le délit*, et des dépositions des témoins , soit qu'ils aient été entendus avant la mise en accusation , soit qu'ils l'aient été depuis.

Mais le défenseur a le droit de prendre communication au greffe de toutes autres pièces de la procédure , et même de s'en faire délivrer copie à ses frais.

Voy. Code d'instr. , art. 302 , 303 , 304 et 305.

En général , toutes les affaires dans lesquelles

il y a mise en accusation avant l'ouverture des assises, doivent y être portées.

Cependant, si le *procureur général* ou l'ac-*cusé* croyaient avoir des motifs pour demander un ajournement aux assises suivantes, ils pour-raient en former la réclamation auprès du pré-sident des assises, qui y statuera. Art. 3o6.

Ce magistrat prononcera aussi, soit sur la demande du *procureur général*, soit même *d'office*, sur la jonction ou disjonction des actes d'accusation, lorsqu'il y a *plusieurs* actes d'accusation pour des délits qui doivent être poursuivis *en même temps*, ou un *seul* acte d'accusation pour des délits qu'il est à propos de poursuivre *successivement et séparément*. Code d'instr., art. 3o7 et 3o8.

Puisque la cour d'assises (à part le cas où elle prononce en défaut ou par *contumace*, et pour lequel le Code d'instruction, liv. 2, tit. 4, chap. 2, a indiqué une procédure particulière et sans jurés); puisque la cour d'assises, di-sons-nous, ne peut, à part ce cas, statuer qu'avec l'adjonction des jurés qui prononcent sur le *fait*, avant de nous occuper des débats qui ont lieu devant elle, il faut savoir com-ment le jury lui-même est composé.

Du jury.

Il résulte des dispositions combinées du Code d'instruction (section *du jury*), et de la loi du 2 mai 1827 sur les listes électorales et le jury, les règles suivantes :

Nul ne peut être juré, si, outre l'âge de trente ans et la jouissance des droits civils et politiques, il ne se trouve dans l'une ou plusieurs des classes des personnes suivantes, savoir :

1.º Membres d'un collége électoral;

2.º Fonctionnaires publics nommés par le Roi et exerçant des fonctions gratuites;

3.º Officiers des armées de terre et de mer en retraite, jouissant d'une pension de retraite de 1200 fr. au moins, et domiciliés dans le département depuis cinq ans ;

4.º Docteurs ou licenciés de l'une des facultés de droit, des sciences ou des lettres, docteurs en médecine, membres et correspondans de l'institut ou des sociétés savantes reconnues par le Roi, pourvu qu'à l'égard des simples *licenciés*, ils soient inscrits sur les tableaux d'avocats ou d'avoués, ou chargés d'un enseignement dans leur faculté, ou enfin domiciliés depuis dix ans dans le département;

5.º Notaires ayant trois ans d'exercice.

La

La loi ne s'explique pas à l'égard de quelques-unes de ces classes sur la nécessité du domicile réel dans le département ; mais il y a même raison pour les unes que pour les autres.

Chaque année, après le 30 septembre, époque à laquelle le préfet doit avoir clos les listes générales pour les élections et le jury, ce fonctionnaire extrait de ces listes une liste particulière composée du *quart* pour le service du jury de l'année suivante.

La loi déclare pourtant que si ce quart des listes générales excédait trois cents dans les départemens et quinze cents à Paris, cette liste particulière serait réduite à ces nombres ; elle ajoute que nul ne peut être porté deux ans de suite sur cette liste ; ce qui assure à chacun, et sauf certains cas prévus par l'art. 11 de la loi du 2 mai 1827, qu'il ne sera pas une seconde fois juré sans une année d'intervalle.

Dans tous les cas, cette liste est transmise immédiatement par le préfet, 1.º au ministre de la justice, 2.º au premier président de la cour royale, 3.º au procureur général.

Dix jours au moins avant l'ouverture des assises le premier président tire au sort sur cette liste, en audience publique, trente-six noms

11

d'individus ayant *capacité actuelle* (1) pour former la liste des jurés pendant la session.

Et de plus, pour pourvoir aux remplacemens, il tire encore au sort quatre jurés supplémentaires pris parmi les individus de la liste annuelle, ou *subsidiairement* parmi ceux de la liste générale, qui ont leur domicile dans la ville où siége la cour d'assises.

Chaque juré est ensuite convoqué par les soins du préfet, par une notification qui lui est faite huit jours au moins avant l'ouverture des assises.

Au jour indiqué pour le jugement de chaque affaire, la loi se contente de trente jurés présens, sauf les peines à prononcer contre ceux qui se seraient absentés sans motifs légitimes, motifs dont l'appréciation appartient à la cour.

Si ce nombre n'est pas complet par les jurés en titre, il est complété par les jurés supplémentaires, appelés chacun dans l'ordre où le sort l'a désigné.

Et si, enfin, on ne pouvait pas arriver ainsi au nombre de trente, on le compléterait par de

(1) Et remarquez qu'outre les incapacités qui résultent des règles précédentes, les art. 383 et suivans du Code d'instruction criminelle en indiquent encore plusieurs autres.

nouveaux jurés que le président des assises tire-
rait au sort, toujours en audience publique, et
sur la même liste où ont été pris les jurés supplémentaires.

Pour mettre chaque accusé à même de pouvoir se prononcer sur les récusations que la loi
l'autorise à faire, elle veut que la *veille* du jour
fixé pour le jugement (ni plus tôt ni plus tard,
à peine de nullité), la liste des jurés lui soit notifiée.

Enfin, au jour fixé, en présence des jurés, de
l'accusé (ou *des* accusés) et du procureur général (1), c'est-à-dire hors l'audience publique,
le président, à la tête de la cour, tire sur la liste
définitive (après toute excuse admise et tout
remplacement fait), les *douze* jurés qui doivent
siéger dans cette affaire.

Si même on prévoyait que les débats dussent être très-prolongés, la cour pourrait ordonner qu'outre les douze jurés, on en tirât encore au sort un ou deux autres pour assister aux
débats et remplacer, au besoin ; et dans l'ordre
où ils auraient été appelés, ceux des douze qui

---

(1) Nous disons toujours le *procureur général ;* mais
on ne veut indiquer par—là que le procureur général *ou*
celui qui remplit le ministère public près la cour d'assises.

par quelque cause survenue ne pourraient pas connaître de l'affaire jusqu'au bout.

Quoi qu'il en soit, au moment du tirage au sort, l'accusé et le procureur général ont le droit de récuser péremptoirement et sans énonciation de motifs les jurés dont les noms sortent, jusqu'au moment où il ne restera que les douze ou les treize ou quatorze qui doivent être conservés.

Ce droit s'exerce alternativement sur chaque nom qui sort, en commençant par le droit de l'accusé; et dans le cas de nombre impair, celui-ci pourrait exercer une récusation de plus que le procureur général. Par exemple, s'il y avait trente-un jurés, et que douze seulement dussent être conservés, l'accusé pourrait en récuser dix, et le procureur général neuf, en tout dix-neuf, ce qui déduit de trente-un en laisserait encore douze.

S'il y avait plusieurs accusés, ils devraient se concerter ensemble pour exercer leurs récusations dans les termes précédens; et, s'ils ne pouvaient pas s'accorder, ils devraient, après avoir réglé l'ordre entr'eux par la voie du sort, user alternativement et successivement du droit d'exercer les récusations appartenant à l'accusé.

Le juré récusé par l'un d'eux serait censé récusé par tous.

Les jurés de la cause étant définitivement

déterminés, ils se placent dans l'auditoire dans
l'ordre réglé entr'eux par le sort, en face de
l'accusé ; la cour prend séance ; chaque juré in-
dividuellement debout et découvert, prête un
serment dont la formule est lue par le président
de la cour, et qui rappelle aux jurés leurs principaux devoirs ; un avis, dont la formule est indiquée par l'art. 311 du Code d'instruction, est
aussi rappelé par le président au défenseur de
l'accusé....., et l'audience commence. Code
d'instr., art. 309 et 312.

Des debats et du jugement.

A l'ouverture de l'audience, le greffier, sur
l'ordre du président, donne lecture de l'arrêt
de renvoi de la chambre d'accusation et de
l'acte d'accusation dressé par suite de cet arrêt.
Le président en rappelle encore les points principaux à l'accusé pour fixer son attention sur ce
qui va suivre ; et enfin , le procureur général fait
un exposé sommaire du *sujet de l'accusation*,
toujours dans le même but et pour faciliter aux
jurés l'intelligence des dépositions et des débats.
Art. 313 et 314.

Les témoins sont entendus ensuite successivement, en commençant par ceux de la *partie
publique;* ensuite ceux de la *partie civile* (s'il

y en a), et enfin, ceux de l'*accusé.* Code d'instr.,
art. 321.

Mais il est quelques personnes que la loi déclare incapables de déposer, incapacité cependant qui n'entraîne pas nullité, si ceux qui ont
droit de la faire valoir n'en ont pas opposé avant
la déposition. *V.* Cod. d'instr., art.322 et 323.

Il y a plus, et afin, sans doute, que les parties puissent connaître ces incapacités, ou les
motifs de suspicion, la loi veut que les noms
des témoins que l'on veut faire entendre soient
notifiés vingt-quatre heures d'avance, savoir :
ceux des témoins présentés par le *procureur général* ou la *partie civile* à l'*accusé,* et ceux des
témoins de *celui-ci* au *procureur général;* et
les parties *pourraient* s'opposer respectivement
à l'audition de tout témoin à l'égard duquel
cette formalité n'aurait pas été convenablement
remplie. Art. 315.

Mais il y a exception à cette règle pour les
témoins que le président, en vertu de son *pouvoir discrétionnaire,* ferait venir d'*office* et ino-
pinément au milieu des débats, témoins qui,
à la différence des autres, ne prêtent pas serment, et dont les dépositions ne paraissent pas
par conséquent faire la même foi. Code d'instr.,
art. 315, 317 et 269.

Après chaque déposition (qui ne doit pas être interrompue), les témoins peuvent être questionnés , d'abord par le président , et ensuite par l'accusé ou son défenseur et par la partie civile , par l'organe du président , et par les juges , les jurés et le procureur général *directement*, en demandant la parole au président.

Le président, au reste, peut prendre toutes les mesures qu'il juge convenables pour obtenir la vérité de la bouche des témoins , et cela , soit d'office , soit sur la demande des parties. *Voy.* Code d'instr., art. 316, 325, 326, 327, 330, 331, etc.

Si l'accusé ou un témoin ne parle pas la même langue , ou s'il se trouve sourd-muet, sans savoir *écrire* (ce qui suppose que, dans ce cas, les demandes et réponses seraient faites par écrit, ce que la loi dit ensuite explicitement), dans ce cas le président nomme, *à peine de nullité*, un interprète pris ailleurs que parmi les témoins, les juges et les jurés , et qui prête un serment. Code d'instr., art. 332 et 333.

Dans le courant ou à la suite des dépositions, et toujours pour la découverte de la vérité, le président fait représenter les pièces de conviction, s'il y en a, à l'accusé ou *aux* accusés, et aux témoins, s'il y a lieu, et il prend leurs réponses. Code d'instr., art. 329.

Après l'audition des témoins, les parties prennent successivement la parole pour la discussion de la cause, dans l'ordre suivant, savoir :

1.º La *partie civile*, s'il y en a ;

2.º Le procureur général ;

3.º L'accusé ou les accusés, sauf au président à déterminer l'ordre entr'eux.

Il peut y avoir des répliques ; mais l'accusé ou son défenseur doivent toujours avoir la parole les derniers. Code d'instr. , art. 335.

Après toutes les plaidoiries, le président déclare que les débats sont fermés, et personne ne peut plus avoir la parole que lui. Il résume immédiatement les débats, en présentant un tableau fidèle et rapide aux jurés, où il rappelle les *principales preuves pour ou contre l'accusé* et où il indique aux jurés les *fonctions qu'ils auront* à remplir. Code d'instr., art. 335 et 336.

Le résumé est suivi de la part du président de la position des questions auxquelles les jurés auront à répondre, soit sur le fait principal, soit sur les circonstances, soit sur les faits d'excuses, s'il y en a.

Ces réponses écrites sont remises au chef du

jury (1), avec les pièces du procès autres que
les dépositions écrites des témoins. Art. 341.

Le président fait retirer l'accusé de l'auditoire,
et les jurés se rendent dans leur salle de délibération pour résoudre les questions.

Avant même la délibération la loi charge
leur chef de leur lire une instruction où elle
leur rappelle leurs principaux devoirs à ce moment : parmi eux, elle place sur-tout l'indépendance complète de leur opinion, peu importe
par quel moyen, par quel nombre ou quel genre
de preuves leur conviction se soit formée; parmi
eux aussi, elle place le devoir de faire abstrac-
tion complète des conséquences que leur déclaration pourra avoir pour ou contre l'accusé,
(devoir qui est bien rarement rempli).

Cette instruction doit, de plus, être affichée
dans la salle des jurés. *Voy.* Code d'instr.,
art. 342.

Une fois dans leur chambre, les jurés doivent délibérer sans désemparer.

Leur déclaration sur chaque fait se forme à la

---

(1) Celui-ci est le premier dont le nom est sorti de
l'urne par la voie du sort, à moins d'un choix contraire
fait par les jurés, et auquel celui-ci consentirait, ou
qu'il demanderait lui-même. Code d'instr., art. 342.

majorité absolue, à peine de nullité (et en rap-
pelant ici qu'en cas d'*égalité de voix* l'avis favorable à l'accusé serait censé celui de la majorité). Il n'est pas nécessaire d'énoncer dans leur
déclaration si elle a été prise à *l'unanimité*, ou
à telle ou telle majorité; la loi n'exige une énonciation à cet égard que dans le cas où la déclaration a lieu à la majorité de *sept* voix *contre*
l'accusé, et sur le *fait principal* (Code d'instr.,
art. 342, 343 et 347); et l'on verra tout-à-l'heure
pourquoi l'énonciation est *nécessaire* dans ce
dernier cas.

Les jurés, au reste, ont mission entière pour
apprécier le *fait* et sa *moralité ;* et bien qu'on
ne leur pose plus aujourd'hui de *question inten-
tionnelle*, cependant cette question est toujours
virtuellement comprise dans le mot *coupable*
qui se trouve dans la question; et quand même
ils penseraient, par exemple, que le fait *maté-
riel* est vrai, mais qu'il n'y a eu aucune *volonté*,
par suite de l'état de *démence ;* quand même aucune question sur la démence n'aurait été posée,
ils n'en devraient pas, pour cela, hésiter à répondre *Non coupable*, parce qu'effectivement
il n'y a pas de *culpabilité*.

Et l'on penserait même qu'il en devrait être
ainsi de toute autre circonstance qui ne détrui-

rait pas la *criminalité*, mais qui la modifierait, pourvu que la déclaration du jury porte toujours sur des faits *qui se rattachent nécessairement à la question* qui leur a été posée, et ne fasse que la *modifier;* il est certain du moins que l'opinion contraire pourrait mener à des résultats funestes et à des absolutions scandaleuses, comme on en a eu un exemple remarquable à la cour d'assises de Grenoble.

Et il semble que la décision qui, dans cette circonstance, repoussa une réponse semblable du jury, est peu d'accord avec les principes que professait la cour de cassation dans un arrêt du 29 avril 1819 (Sirey, 1819, pag. 432), et où cette cour disait « Que les jurés n'ont pas, sans » doute, le droit de décider des faits qui n'ont » pas été soumis à leur délibération, *lorsque* » *ces faits ne se rattachent pas nécessairement* » *à la question sur laquelle ils ont eu à répondre;* » *mais qu'ils ont celui de déclarer les circon-* » *stances qui, se liant à cette question,* de- » viennent nécessaires pour expliquer le vrai » sens de leur réponse. »

La déclaration du jury une fois définitivement arrêtée, les jurés rentrent dans l'auditoire (après avoir fait prévenir la cour); et leur chef, *la main sur son cœur*, et après avoir prononcé la formule indiquée par l'art. 348, fait connaître à haute voix, sur la demande du président, la déclaration du jury (l'accusé étant encore absent).

Cette déclaration est immédiatement signée par le chef du jury (1) et par lui remise au président, *le tout* (dit l'art. 349) *en présence des jurés.* Le président et le greffier la signent également. Même art. 349 du Code d'instr.

La loi déclare que cette décision, souveraine sur le fait, est irréformable, sauf les deux exceptions suivantes :

1.° Lorsqu'elle n'a été prise qu'à la simple majorité de *sept* contre *cinq*, *contre l'accusé*, et sur le *fait principal* (ce qui est le cas rappelé tout-à-l'heure), alors il y a lieu à faire délibérer la cour elle-même sur le *fait;* et la décision de la majorité des jurés n'est maintenue et ne produit ses effets, qu'autant qu'elle est adoptée aussi par la majorité des juges ; sans quoi il y aurait une espèce de *partage*, et le *partage* emporterait absolution. *Voy.* loi

_____

(1) La contexture de l'art. 349 indique que c'est à ce moment que la signature doit avoir lieu, quoique l'usage soit contraire, et que la signature ait lieu ordinairement dans la salle même des jurés; mais cette irrégularité ne saurait entraîner aucune nullité.

du 24 mai 1821 modifiant l'art. 351 du Cod.
d'instr. crim.

Cette circonstance, où les juges remplissent
les fonctions de jurés, jointe à la latitude souvent très-considérable qui leur est laissée de
prononcer entre un *minimum* et un *maximum*
de peine, suivant les circonstances, fait un
devoir rigoureux aux juges de prêter à tous
les débats de la cause une attention aussi reli-
gieuse que les jurés eux-mêmes.

2.° Lorsque, même hors ce cas, et immédiatement après la lecture de la déclaration du
jury, la cour *unanimement et spontanément*
pense que les jurés se sont trompés (en prononçant *contre* l'accusé), elle peut ne pas appliquer cette déclaration, et, la réduisant à
une espèce de nullité, renvoyer la cause à la
session suivante, pour être soumise à un nouveau jury, dont aucun des membres du jury
actuel ne pourra faire partie, mais qui devra
alors être définitivement appliquée, quand
même elle serait encore contraire à l'opinion
de la cour. Cod. d'instr., art. 352.

Après que les jurés ont remis leur déclaration à la cour, l'accusé est ramené à l'audience, et le greffier en donne une nouvelle
lecture en sa présence.

Si la réponse est *affirmative*, le ministère public fait immédiatement ses réquisitions pour l'application de la peine; la partie civile peut aussi faire les siennes pour ses dommages-intérêts; et l'accusé ou son défenseur peuvent les combattre, mais sans plus discuter la *vérité du fait*. Le président doit même provoquer cette discussion de la part de l'accusé en lui demandant *s'il n'a rien à dire pour sa défense*. Code d'instr., art 362 et 363.

La *cour*, après en avoir délibéré à la chambre du conseil ou à l'audience, prononce la peine déterminée par la loi (sauf à la graduer entre le *minimum* et le *maximum*, suivant les cas), et cela, quand même, d'après la déclaration du jury, le délit *ne se trouverait plus être de sa compétence*. Code d'instr., art. 369 et 365.

Il faudrait, sans doute, pourtant excepter le cas où le fait se trouverait être de la compétence de la *cour des pairs* d'après la Charte constitutionnelle, art. 33, 34 et 55.

S'il arrivait, au contraire, que le fait admis par le jury ne fût pas puni par la loi, la *cour* prononcerait l'*absolution* de l'accusé. Code d'instr., art. 364.

A plus forte raison, si la réponse du jury

avait été *négative* sur le fait lui-même, l'accusé devrait-il être renvoyé :

Mais alors ce n'est pas la *cour*, mais le *président* lui seul qui prononce l'ordonnance d'*acquittement*. Code d'instr., art. 358.

Dans tous les cas, la cour, après avoir entendu les parties, pourra à la même audience ou à une audience ultérieure, et, au besoin, sur le rapport d'un des juges, statuer sur les dommages-intérêts *respectivement prétendus* par la partie civile ou l'accusé ; à quelle fin le procureur général est obligé de faire connaître à celui-ci, et sur sa réquisition, son dénonciateur, sauf les règles en faveur des fonctionnaires qui, en dénonçant un crime ou délit, n'auraient fait que leur devoir. (Code d'instr., art. 358). La cour ordonne aussi la restitution des effets enlevés au propriétaire. Code d'instr., art. 366.

Ces mots, *respectivement prétendus*, appliqués à un cas où la loi suppose que l'accusé a été *absout*, prouvent évidemment que la cour d'assises peut prononcer sur l'action *civile*, lors même qu'elle est dépouillée de sa juridiction *criminelle ;* et cela par une dérogation importante au principe général qui ne permet de porter l'action *civile* devant les tribunaux *cri-*

minels, que comme *accessoire* à l'action *criminelle* ou *publique*, príncipe sévèrement con-
servé à l'égard des autres juridictions, et d'a-
près lequel elles sont dépouillées de l'actiou
civile, du moment que le fait lui-même est
dépouillé à leurs yeux des caractères de *délit*,
quelque dommageable qu'il pût être sous le
rapport *civil*, et sauf l'accès aux tribunaux
civils. Voy. notre chapitre sur *l'action civile*, et
l'introduction à la seconde section de la seconde
partie de ce cours.

On doit remarquer, au reste, que la partie
civile, pour être admise, doit former sa demande avant l'arrêt. Plus tard elle serait non-recevable: et l'on en conçoit facilement les motifs.

Et l'accusé lui-même, quand il a connu son
dénonciateur avant le jugement ou avant la fin
de la session, est aussi obligé, sous peine d'être
non-recevable, de réclamer ses dommages devant la cour, avant le jugement ou avant la fin
de la session; et cela, sans doute, afin de
mettre un terme prompt à de pareils débats.
Code d'instr., art. 359.

Inutile de dire qu'après une ordonnance
régulière d'*acquittement*, ou un arrêt d'*absolution*, aucune nouvelle poursuite ne peut avoir
lieu pour le *même fait* contre la *même personne :*

sonne : *non bis in idem*, il y a définitivement *chose jugée*, sauf le recours en cassation ; il ne s'agit plus ici de mesures et de décisions provisoires comme celles de la *chambre du conseil*, ou même de la *chambre d'accusation*. Code d'instr., art. 360.

Dans le cas d'*acquittement*, l'accusé est mis en liberté sur-le-champ, s'il n'est retenu pour autre cause. Code d'instr., art. 358, 361, etc.

Outre les affaires renvoyées par la chambre d'accusation, la cour d'assises connaît encore (mais sans jurés) de l'*identité* des individus condamnés, évadés et repris, suivant les formes indiquées dans les art. 518 et suiv. du Code d'instruction.

Des voies de recours contre les arrêts des cours d'assises.

Les arrêts des cours d'assises ne peuvent être attaqués par aucune espèce d'*appel* : elles jugent en premier et dernier ressort ;

Ils ne peuvent pas non plus être attaqués par *opposition*, lors même que la cour d'assises (dans les formes particulières établies pour ce cas) juge en défaut ou par *contu-*

mace (1), ou plutôt l'opposition alors n'est pas nécessaire, parce que l'arrêt de *contumace* tombe par cela même que l'accusé se *représente*, ou qu'il est *arrêté*, sauf à le juger de nouveau. Code d'instr., art. 476.

Mais les arrêts contradictoires des cours d'assises peuvent être attaqués par deux autres moyens, savoir :

1.º Par recours en cassation;

2.º Par une voie extraordinaire que nous appellerons *voie de révision*, et qui n'a lieu que dans trois cas déterminés.

1.º *Du pourvoi en cassation.*

Le recours en cassation peut être exercé dans les cas généraux et avec les formes indiquées aux titres des *tribunaux de police* et des *tribunaux correctionnels*, pour les recours dirigés contre les jugemens en dernier ressort de ces tribunaux. (Voy. Code d'instr., art. 407 et suiv.) Il peut de plus être exercé dans le cas de contrariété d'arrêts, comme on le verra à l'article suivant, à l'occasion de la *révision*.

Il ne peut avoir lieu que dans les délais suivans, savoir :

_____

(1) Du mot latin *contumacia*, *refus* (*refus* opiniâtre de paraître).

Dans les cas ordinaires, dans le délai de *trois jours* à dater de la *prononciation*. Code d'instr., art. 373 ;

Et dans les cas indiqués par l'art. 409 et l'art. 412 (1), dans le délai de *vingt-quatre heures* seulement.

Il faut remarquer, au reste, 1.º que le délai du recours ne court contre les arrêts ou *jugemens* préparatoires, autres que sur la compétence, qu'après l'arrêt ou jugement définitif. Code d'instr., art. 416 ;

2.º Qu'au moment d'un arrêt de condamnation à une cour d'assises, le président doit avertir l'accusé du droit qu'il a de recourir et du délai dans lequel il peut exercer ce droit. Code d'instr., art. 371.

Nous avons parlé sur-tout du recours en cassation contre un *arrêt* de cour d'assises : quant aux *ordonnances d'acquittement* pro-

_____

(1) Ces cas sont relatifs à l'annulation d'une *ordonnance* d'acquittement, ou d'un *arrêt* qui aurait accordé contre la partie civile des dommages-intérêts supérieurs aux demandes de la partie *acquittée* ou *absoute :* et par conséquent, il ne peut s'agir alors que d'un pourvoi du *procureur général* ou de la *partie* civile. Code d'instr., art. 374, 409, 412.

noncées par le président seul, en cas de réponse négative du jury, elles ne peuvent jamais être attaquées en cassation par la *partie civile;* et elles ne peuvent l'être par le procureur général que *dans l'intérêt de la loi,* et sans préjudice pour la partie acquittée. Code d'instr., art. 409 et 412.

Dans tous les cas, le délai du pourvoi court de la *prononciation* de l'arrêt (et sans doute aussi de la prononciation de *l'ordonnance d'acquittement*). Code d'instr., art. 373.

Ce délai, au reste, est suspensif de l'exécution de *l'arrêt* (non pas de *l'ordonnance d'acquittement,* comme on l'a vu); et si le pourvoi a été exercé, la suspension aura lieu *jusqu'à la réception de l'arrêt de la cour de cassation.* Code d'instr., art. 373 *in fine.*

Mais tout ce qu'on dit ici du *délai* reçoit exception pour le genre de recours dont il est question à l'article suivant.

2.º *De la révision.*

Toutes les fois que des arrêts sont inconciliables entr'eux, et que l'un détruit les conséquences de l'autre, ces arrêts ne peuvent pas plus subsister ensemble en matière criminelle, qu'en matière civile ; et il y a lieu à un nouvel examen , avec cette différence cependant qu'en matière civile, c'est le premier arrêt qui est maintenu de plein droit, en vertu du principe de la *chose jugée* (Code de procédure civ., art. 5o1 et 5o4), et qu'en matière criminelle , au contraire, la chose est *entière*, et les deux arrêts sont cassés, pour procéder à un nouvel examen et à un nouveau jugement, parce qu'ici il n'y a pas *chose jugée*, et que les *mêmes* parties n'existent pas dans les *deux* jugemens.

Le premier cas de *révision* est donc cette contrariété elle-même, dont la loi a pris soin de déterminer les caractères. *V.* Code d'instr., art. 443.

Dans ce cas, c'est le procureur général lui-même de la cour de cassation qui, sur la demande du ministre de la justice, dénonce les deux arrêts à cette cour, qui, en cas de cassation, renvoie la cause à une cour d'assises autre que celles qui ont rendu les deux arrêts contraires. Même art. 443.

Le second cas de *révision* est relatif à l'hypothèse où il s'agit d'un arrêt qui a prononcé une condamnation pour *homicide*, et où l'on reconnaît ensuite l'existence de la personne prétendue homicidée, existence qui détruit la présomption même du crime.

Alors encore il y a lieu à s'adresser à la cour de cassation qui peut *préparatoirement* ordonner un nouvel examen par une *cour royale* qui ne doit s'occuper que de l'*identité* du prétendu homicidé ; après quoi la cour de cassation peut encore ou casser l'arrêt de condamnation, ou renvoyer, pour statuer, à une cour d'assises autre que celles qui auraient primitivement connu de l'affaire. Art. 444.

Enfin (et c'est le troisième cas de révision), si, après une condamnation, un ou plusieurs des témoins qui avaient déposé à charge venaient à être condamnés pour faux témoignage, comme alors l'arrêt manquerait par sa base, il pourrait y avoir lieu à cassation et à renvoi devant une cour d'assises autre que celles qui auraient rendu le premier arrêt ou l'arrêt contre les faux témoins : (ceci ressemble beaucoup à une *requête civile pour pièces reconnues fausses depuis le jugement*). Voy. Code de proc. civ., art. 480, et Code d'instr., art. 445.

Dans ces différens cas, bien entendu, l'exécution de l'arrêt, quand on s'est pourvu, doit être suspendue jusqu'au résultat de la demande en révision. Code d'instr., art. 443 et suiv.

Il y a même plus, si l'individu condamné n'existait plus au moment de l'instance en *révision* introduite dans le cas de l'art. 444, c'est-à-dire lorsqu'on reconnaît l'existence de celui dont la mort supposée avait donné lieu à la condamnation, cette instance pourrait avoir lieu avec un *curateur à sa mémoire*, et dans l'intérêt de la mémoire du condamné mort. (Code d'instr., art. 447.) On pourrait se demander pourquoi il n'en est pas de même dans les deux autres cas de révision.

On remarque, au reste, que cette voie extraordinaire de *révision* n'a lieu qu'en *faveur* du condamné, et jamais *contre* lui.

Juridiction spéciale de la cour royale.

Outre la juridiction que la *cour royale* exerce au criminel, soit par la *chambre correctionnelle*, soit par la *chambre d'accusation*, soit par la *cour d'assises*, elle en exerce encore une autre, soit à la *chambre civile*, soit *toutes les chambres assemblées*; et, suivant les cas, ses arrêts alors peuvent être attaqués comme les *jugemens* en dernier ressort des autorités qu'elle remplace.

1.° La *chambre civile* de la cour royale

exerce directement une juridiction *criminelle*
pour tous les *délits* (1) commis par les fonctionnaires suivans, soit *hors*, soit *dans* l'exercice de leurs fonctions, savoir :

Par les *juges de paix* ;

Par les *membres des tribunaux correctionnels et de première instance* ;

Par les *officiers chargés du ministère public
près un de ces tribunaux* ;

Par les *grands officiers de la légion d'honneur* ;

Par des *généraux commandant une division
ou un département* ;

Par des *archevêques* ou *évêques* ;

Par des *présidens de consistoire* ;

Par des *membres de la cour de cassation,
de la cour des comptes et des cours royales* ;

Enfin par des *préfets*.

Voy. Code d'instr., art. 479 et 483 ; loi
du 20 avril 1810, art. 10, et décret du
6 juillet même année, art. 4.

La cour royale, même chambre civile, peut
aussi, sur la demande du procureur général,
évoquer à elle les crimes et délits des membres

---

(1) Délits proprement dits.

et des élèves de l'université. Décret du 15 novembre 1811, tit. 7, art. 160.

Dans ces différens cas, le prévenu est cité directement devant la chambre civile, présidée par le premier président, et elle juge sans appel. Même art. 479 et autres autorités ci-dessus.

S'il s'agissait de *crimes* proprement dits, imputés aux premiers fonctionnaires dont on vient de parler, ils resteraient dans la juridiction de la cour d'assises (de celle seulement du *siége de la cour royale*), et la première instruction se ferait par la cour ou par délégation de la cour, au lieu de l'être directement par le *juge d'instruction* ou la *chambre du conseil;* et même, dans certains cas, elle exigerait l'intervention de la cour de cassation. *Voy.* Code d'instr., art. 480, 484 et suiv., et loi du 20 avril 1810, art. 18, et ci-après l'article de la *cour de cassation.*

2.° La cour royale, *toutes les chambres assemblées*, exerce une juridiction criminelle pour les objets déterminés par l'art. 11 de la loi du 20 avril 1810, c'est-à-dire pour « ... en- » tendre les dénonciations qui lui seraient » faites par un de ses membres, de crimes et

» de délits ... , *pour* mander le procureur gé-
» néral , *et* lui enjoindre de poursuivre à rai-
» son de ces faits ... , et entendre le compte
» que le procureur général lui rendra des pour-
» suites qui seraient commencées ».

Ici se termine le sommaire de la juridiction
criminelle de la cour royale dans ses différentes
branches. Après les tribunaux de *police* , les
tribunaux *correctionnels* et les *cours royales* ,
nous avons à parler de la cour de cassation.

CHAPITRE IV.

De la cour de cassation.

La cour de cassation , qui a une juridiction
en matière civile , juridiction qu'elle exerce
par deux sections appelées , l'une *section des
requêtes* , et l'autre *section civile* , en a une
aussi en matière criminelle , qu'elle exerce en
général par une troisième section , appelée
section criminelle , composée , ainsi que chacune des deux premières , de seize juges , et ne
pouvant juger au-dessous de onze. *Voy.* loi du
27 ventôse an 8 , art. 60 et 63.

La cour de cassation agit en matière criminelle , soit en statuant sur les *recours en cassation* ,

Soit en prononçant sur des *réglemens de juges*, ou des *demandes en renvoi* d'un tribunal à un autre ;

Soit, enfin, quelquefois, en *faisant* elle-même ou *prescrivant* des actes de *poursuites* contre certaines personnes, dans les cas déterminés par la loi.

§. I.er

Des recours en cassation.

On peut *recourir en cassation* dans les cas déterminés par la loi, non-seulement contre les arrêts et jugemens dont il a été question plus haut, mais encore contre les *jugemens des tribunaux militaires de terre et de mer*, mais seulement *pour cause d'incompétence ou d'excès de pouvoir;* et encore faut-il alors qu'elle soit *proposée par un citoyen non militaire, ni assimilé aux militaires à raison de ses fonctions.* Loi du 27 ventôse an 8, art. 77.

Lorsque la cour de cassation a été saisie par les actes qui ont été rappelés plus haut (particulièrement à l'occasion des jugemens rendus en dernier ressort en police simple), elle peut statuer immédiatement, et la loi lui fait un devoir de statuer dans *le mois.*

La *partie civile* ne peut paraître dans cette instance que par le ministère d'un *avocat à la cour de cassation* (1). Code d'instr., art. 454.

La loi n'impose pas la même obligation à *l'accusé*, ni au *responsable civilement.*

La cour de cassation rejette la *demande*, ou casse l'arrêt et les actes attaqués.

S'il y avait *partage*, on appellerait pour le vider cinq nouveaux magistrats, et le débat serait recommencé. Loi du 27 ventôse an 8, art. 64.

En cas de *rejet*, le jugement attaqué est maintenu, et la *partie civile* qui a succombé est condamnée, 1.º à une *indemnité* de 150 fr. envers l'autre partie, et aux frais; 2.º à *l'amende* de 150 fr. ou de 75 fr. envers l'état, suivant qu'il s'agit d'un jugement ou arrêt *contradictoire*, ou par *défaut* ou *contumace;* amende qu'en général elle avait dû consigner d'avance, ainsi qu'on l'a vu. Code d'instr., art. 456, 419 et 420.

Si cependant la partie civile était une *administration ou régie de l'état*, ou un *agent public*, elle ne supporterait que *l'indemnité* et

___

(1) Les avocats à la cour de cassation cumulent les fonctions d'*avoués* et d'*avocats.*

les frais ; et l'on a déjà vu qu'elle n'était pas obligée de consigner l'amende. *Eod.*

Il paraît résulter aussi de l'art. 420 que le *prévenu* lui-même, lorsqu'il succombe en matière *correctionnelle* ou de *police*, supporte *l'amende* dont il vient d'être parlé.

L'arrêt de rejet, au reste, est renvoyé immédiatement, par les soins du ministre de la justice, au magistrat chargé du ministère public près le tribunal qui avait statué, pour faire exécuter son jugement dans les vingt-quatre heures de la réception. Code d'instr., art. 439, 375 et suiv. (On voit qu'il s'agit d'un pourvoi dirigé par le *prévenu*).

Dans d'autres cas , il n'y aurait pas lieu à *exécution* , puisque la cour de cassation aurait maintenu un jugement qui rejetterait des poursuites ; mais le renvoi de l'arrêt de rejet devrait toujours avoir lieu. Même art. 439.

Si, au contraire, le pourvoi est *admis* , et que le jugement attaqué ait été annulé en tout ou en partie, la cour de cassation renvoie, pour statuer de nouveau , *sur la partie annulée*, et pour recommencer la procédure , à partir du dernier acte cassé, devant un autre tribunal , suivant les distinctions admises par

l'art. 429 du Code d'instruction ; et il est pro-
cédé ultérieurement, comme il est dit aux articles 431 et suiv.

Si dans ce cas l'amende avait été consignée,
elle devrait être immédiatement restituée. Code
d'instr., art. 437.

Le nouveau tribunal auquel l'affaire est ren-
voyée n'est nullement lié par la décision de
la cour de cassation, et il pourrait rendre un
nouveau jugement semblable au premier, et
contraire à la manière de voir de la cour de
cassation, jugement qui lui-même pourrait encore être l'objet d'un nouveau recours.

Dans ce *cas*, une loi du 16 septembre 1807
(applicable également en *matière civile*), et à
laquelle renvoie l'art. 440 du Code d'instr.,
prescrivait la marche à suivre, marche qui pouvait avoir pour résultat définitif une interprétation de la loi à donner dans la forme des
réglemens d'administration publique, c'est-à-
dire par un acte du *gouvernement*, qui devait
faire *loi* pour les tribunaux (au moins à l'égard
de la *cause*, à l'occasion de laquelle l'interprétation aurait eu lieu. *Voy.* avis du conseil
d'état du 27 novembre 1823).

Mais une loi nouvelle, proposée sur cette

matière , est dans ce moment-ci (1) soumise aux délibérations des chambres , et si elle est adoptée , on en développera les dispositions dans l'explication orale.

Il faut remarquer , au reste , qu'outre un pourvoi que le ministère public peut former *pour le seul intérêt de la loi* , dans le cas de l'article 409 du Code d'instruction , et sans préjudice pour la partie (2) , il peut en être formé un semblable , même dans d'autres cas , par le procureur général près la cour de cassation , après l'expiration de tous les délais , soit *d'office* , soit de *l'ordre formel* du ministre *de la justice.*

Il peut agir d'*office* contre tout *jugement* en dernier ressort ;

Et de *l'ordre* du ministre , même contre de simples *actes judiciaires* ;

Et dans ce dernier cas , il peut y avoir lieu contre les juges ou officiers de police qui ont coopéré à ces actes ou jugemens, aux poursuites dont il sera question au paragraphe 3 ci-après. *Voy*. Code d'instr. , art. 441 et 442.

_____

(1) 10 Juin 1828.

(2) Ce cas est celui d'une *ordonnance d'acquittement*, rappelé plus haut en parlant de la cour d'assises.

§. II.

Des réglemens de juges et des renvois d'un
tribunal à un autre.

On appelle *réglement de juges* l'action de
déterminer quel est celui de plusieurs tribunaux ou autorités devant qui la même action
est portée en même temps, qui doit en demeurer saisi. Cet état de choses s'appelle *con-*
flit ; et le *conflit* existe , soit que chacun des
deux tribunaux veuille *conserver* la connaissance de la cause , soit que chacun veuille la
repousser : dans le premier cas, on appelle le
conflit *conflit affirmatif ;* dans le second , on
le nomme *conflit négatif* : dans tous les deux,
il peut y avoir lieu au *réglement.*

On appelle *renvoi d'un tribunal à un autre,*
l'action d'enlever une cause à un tribunal ou
à une autorité qui en est saisie , pour en investir un autre tribunal ; ce qui , à la rigueur,
comprendrait même la demande en renvoi
pour *incompétence.*

Mais ce n'est point de ce dernier genre de
renvoi

renvoi que nous voulons parler ici (1), parce
que celui-là ne se porte point directement à
la cour de cassation, mais seulement au tribunal incompétent devant lequel on se trouve,
sauf à attaquer son jugement par les voies légales. C'est ce qu'on appelle le *déclinatoire*.

Le *renvoi* dont il est ici question est, au
contraire, celui qui suppose que le tribunal
devant lequel on se trouve est le tribunal naturellement compétent ; et c'est ce dernier
renvoi qui est directement dans les attributions
de la cour de cassation.

Nous parlerons d'abord des *réglemens de
juges,* et ensuite des *renvois.*

ART. I.er

Des réglemens de juges.

Il peut y avoir lieu à porter la demande en
réglement de juges devant la cour de cassation
toutes les fois que le conflit existe entre deux
autorités qui ne ressortent pas *en même temps*
d'un tribunal autre que la cour de cassation, y
eût-il d'un côté un tribunal militaire ou mari-

---

(1) Au moins quand il n'y a qu'*un* tribunal de
saisi.

13

time, ou même un simple juge d'instruction ou un *officier de police militaire*. *Voy*. Code d'instr., art. 526 et 527, et arg. de Code de procédure, art. 363.

Sur le vu de la demande en réglement de juges et des pièces qui y sont jointes, la cour de cassation peut prendre de deux partis l'un, ou statuer immédiatement sans communication à l'autre ou aux autres parties, sauf l'opposition de celles-ci, opposition qu'elles pourront former dans le délai de *trois jours* depuis la notification qui leur aurait été faite de l'arrêt de réglement;

Ou bien elle peut ordonner préparatoirement la communication à ces parties elles-mêmes.

Dans le premier cas, l'opposition, quand elle survient, emporte *de plein droit* sursis au jugement du procès qui donne lieu au conflit; et l'on procède ultérieurement comme sur les *demandes en cassation*, sauf que l'instruction doit être faite *sommairement* et par *simples mémoires*, comme pour toute demande en réglement.

L'art. 535 du Code d'instruction criminelle prescrit aussi, en général, à l'opposant, une élection de domicile dans le lieu où siége l'une des deux autorités en conflit, et cela dans le même délai qui est accordé pour l'opposition, à peine, pour celle-ci, d'être non admissible.

Une pareille élection de domicile est aussi prescrite, par cet article, à toute partie, à peine de ne pouvoir opposer d'aucun défaut de communication des actes de l'instance.

Dans le second cas, c'est-à-dire quand la communication *préalable* a été ordonnée, la cour de cassation enjoint, par son arrêt, aux officiers du ministère public près chacun des tribunaux saisis, ou à l'un d'eux, suivant les circonstances, de transmettre les pièces du procès et leur avis motivé sur le conflit, dans un délai déterminé.

La notification de cet arrêt, comme l'opposition dans le premier cas, emporte sursis aux poursuites devant l'une ou l'autre des autorités saisies, sauf les simples actes *conservatoires* et *d'instruction;* et l'on procède aussi ultérieurement comme sur les *recours en cassation.*

Dans l'un comme dans l'autre cas, l'arrêt rendu par la cour de cassation, soit sur une opposition, soit après un *soit communiqué,* est notifié aux parties ; et en exécution de cet arrêt, la cause doit être portée devant celui des deux tribunaux qui est indiqué par la cour de cassation.

Il faut remarquer, au reste,

1.º Que si le conflit avait lieu entre deux autorités ressortant ou d'un même tribunal correctionnel, ou de la même cour royale, ce serait, comme on l'a fait pressentir, à ce tribunal ou à cette cour que le réglement de juges devrait être porté;

2.ºQu'au lieu de prendre la voie du *réglement de juges*, il paraît résulter de l'art. 539 du Code d'instruction criminelle que les parties ont encore le droit d'exciper de l'*incompétence* de l'un des deux tribunaux saisis, comme s'il n'y en avait qu'un seul de saisi, sauf les voies légales contre le jugement ou l'arrêt qui aurait statué sur ce déclinatoire, c'est-à-dire sauf l'opposition, ou l'appel, ou même le recours en cassation, suivant les cas. *Voy.*, sur tous ces objets, Code d'instr., art. 525 et suivans.

Art. II.

Des renvois d'un tribunal à un autre.

La loi indique deux cas où la cour de cassation est autorisée à renvoyer une cause d'une autorité compétente à une autre autorité ; c'est ce qu'on appelle les cas de *défaut de sûreté, publique* et de *suspicion légitime.*

Nous disons *autorité*, et non pas *tribunal*, parce que (de même que pour le *réglement de juges*) le *renvoi* peut aussi-bien avoir lieu d'un *juge d'instruction* à un autre *juge d'instruction*, que d'un *tribunal* à un autre *tribunal.*

Cette cause de *défaut de sûreté publique*, au reste, dont parle la loi, et celle de *suspicion légitime*, indiquent, la première, le cas où l'ordre et la paix publique auraient à souffrir des débats de la cause; et la seconde, le cas où, d'après des circonstances que la cour de cassation apprécie, comme pour la première, le tribunal, saisi de la cause, n'est pas présumé pouvoir statuer avec indépendance et impartialité.

On sent que la différence dans la nature des motifs sur lesquels l'une ou l'autre demande peut être fondée, doit en introduire une quant aux personnes qui peuvent les proposer.

Ainsi, puisque le *ministère public* est le gardien naturel de l'ordre public, ce sera lui seul aussi qui pourra proposer le renvoi pour *défaut de sûreté publique.*

Mais, comme *toute partie* a droit et intérêt à trouver indépendance et impartialité dans le tribunal qui doit statuer sur sa cause, si, au contraire, elle avait contre ce tribunal des motifs sérieux de *suspicion légitime*, elle doit aussi avoir le droit de demander qu'il soit dessaisi de la cause, pour en investir un autre qui présentera plus de garanties.

Telles sont les bases et les motifs des dispositions de l'art. 542 du Code d'instruction criminelle sur les *renvois*; et ces dispositions étaient déjà portées par l'art. 79 de la loi du 27 ventôse an 8, ci-dessus rappelées et applicables tant aux matières *civiles* qu'aux matières *criminelles*.

Il en résulte que le renvoi pour *défaut de sûreté publique* ne peut être demandé que par le *ministère public*; mais que le renvoi pour *suspicion légitime* peut l'être par toutes les *parties intéressées*, c'est-à-dire par le ministère public, l'accusé, etc.

Au reste, cette *dernière* faculté (celle de demander le renvoi pour *suspicion légitime*) peut être couverte ou perdue par l'abandon tacite qu'en ferait la partie *après* les circonstances qui auraient ouvert son droit, sauf à en invoquer de *nouvelles*.

Mais la *première* (celle de demander le renvoi pour *défaut de sûreté publique*) ne peut jamais être perdüe, par-là même qu'elle intéresse *l'ordre public.*

Et quant au *ministère public* qui peut agir pour la demande en renvoi pour *défaut de sû- reté publique*, il faut distinguer :

Ou bien il s'agit des officiers du ministère public près le tribunal qu'il s'agit de dépouiller ; et ceux-ci ne peuvent agir que par l'intermé- diaire du ministre de la justice, qui transmet, s'il le juge à propos, leurs demandes, leurs mo- tifs et les pièces à l'appui, à la cour de cassation ;

Ou bien il s'agit du procureur général lui- même près la cour de cassation, et alors il pa- raît résulter de l'art. 542 du Code d'instruction criminelle qu'il peut agir d'office et directement devant la cour de cassation, d'après les rensei- gnemens qu'il a pu recueillir.

Lorsqu'il s'agit d'une demande en renvoi pour *défaut de sûreté publique*, la cour de cassation statue immédiatement et sans communication préalable, sauf l'opposition, à-peu-près comme en matière de *réglement de juges*, quand il n'y a pas eu communication *préalable.*

Mais lorsqu'il s'agit d'une demande en renvoi pour *suspicion légitime*, la cour de cassation a alors le choix, ou d'ordonner la communication préalable, ou de statuer immédiatement, sauf l'opposition, et tout est alors aussi à-peu-près réglé comme en matière de *réglement de juges* dans ces différens cas respectifs.

Si la demande en renvoi était rejetée, rien n'empêcherait d'en former une nouvelle pour de *nouveaux* motifs, ainsi qu'on l'a indiqué.

Mais au reste, pour réprimer la multiplication de pareilles demandes (soit en *renvoi*, soit en *réglement de juges*) qui pourraient être téméraires et irréfléchies, et n'avoir pour but que d'entraver le cours de la justice, la loi dispose que le *prévenu* ou la *partie civile* qui formeraient de pareilles demandes, et qui succomberaient, *pourraient* être condamnés à une amende dont le *maximum* est fixé à 5oo fr., moitié pour l'Etat, moitié pour la partie adverse. *Voy.*, sur ces *renvois*, Code. d'instr., art. 542 et suivans, et les articles précédens auxquels ceux-ci se réfèrent.

Mais nous ne devons pas oublier de remarquer que, bien que le Code d'instruction criminelle n'indique que le *défaut de sûreté publique* et la *suspicion légitime* comme causes de demandes en renvoi à proposer devant la cour de cassation, s'il arrivait cependant qu'un tribunal

(ne connaissant d'autre supérieur que la cour de cassation) ne pût pas , pour une cause quelconque , se composer et se compléter , il faudrait bien nécessairement recourir à la cour de cassation pour *indiquer* un autre tribunal.

Cela paraît résulter des principes généraux en matière de *renvoi* ; et sur-tout de la loi du 16 ventôse an 12 , qui , prévoyant ce cas d'insuffisance pour la justice de paix , veut qu'on s'adresse au tribunal supérieur pour indiquer un autre juge. On a depuis appliqué ces règles aux autres juridictions *civiles* : Pourquoi n'en serait-il pas ainsi en matière *criminelle ?*

§. III.

De la cour de cassation , faisant elle-même ou prescrivant des poursuites en matière criminelle.

Il résulte des dispositions des articles 485 et suivans du Code d'instruction , que la cour de cassation peut être saisie elle-même de l'instruction première et du droit de *mise en accusation* dans certains cas qui vont être déterminés : ainsi ,

1.º S'il s'agit de *crimes* commis dans l'exercice des fonctions par un *tribunal entier de commerce*, *correctionnel ou de première instance*, et emportant peine de *forfaiture*, (c'est-à-dire peine de destitution), ou une peine plus grave, la cour de cassation peut en être saisie de différentes manières ; savoir,

1.º Par une dénonciation faite au ministre de la justice, qui donne ordre, *s'il y a lieu*, au procureur général de la cour de cassation de poursuivre ;

2.º Par une dénonciation directe faite à la cour de cassation par les personnes intéressées ;

– Mais il faut pour cela de deux choses l'une,

Ou que ces personnes demandent à *prendre le tribunal à partie* ;

Ou que cette dénonciation soit *incidente à une affaire* déjà *pendante à la cour de cassation* ;

3.º La cour de cassation peut être saisie par la découverte qu'elle ferait elle-même du crime dans l'examen d'une prise à partie ou de toute autre affaire portée devant elle.

En second lieu, lors même qu'il ne s'agit que du crime *individuel* d'un membre d'une cour, il paraît encore que la cour de cassation en est saisie, si elle l'a découvert dans les dernières circonstances dont il vient d'être question.

On aurait pu croire, d'après l'article 485 , qu'il en serait de même, malgré *l'absence* de ces dernières circonstances ; mais il paraît que, sur ce point, cet article 485 a été modifié par l'article 18 de la loi du 20 avril 1810 , qui , comme nous l'avons vu plus haut (chapitre *des cours royales*), a placé les crimes de ces fonctionnaires , comme de plusieurs autres, dans les attributions exclusives de la *cour d'assises* du chef-lieu de la cour royale.

Relativement à ce genre de juridiction , l'instruction se fait alors à la cour de cassation de différentes manières , suivant les différentes hypothèses qui viennent d'être rappelées.

Ainsi ,

1.º Lorsque la cour de cassation a été saisie par voie de dénonciation *principale* , le procureur général , de l'ordre du premier président , et après les instructions auxquelles ce dernier aura cru devoir faire procéder , et à la suite desquelles il aura pu faire arrêter les prévenus ; le procureur général , disons-nous, adresse, dans les cinq jours de la communication qui lui est faite du tout , son réquisitoire à la *section des requêtes*, qui statue im-médiatement, en remplissant à-peu-près les fonctions de la *chambre du conseil*, sauf que sa décision ne peut être prise qu'à la *majorité*, lors même qu'elle ordonne des poursuites ul-térieures.

Dans ce dernier cas, le prévenu est ren-voyé devant la *section civile* pour prononcer sur la mise en accusation, à-peu-près comme pourrait le faire la *chambre d'accusation* d'une cour royale.

Au contraire, si la cour de cassation est saisie par une dénonciation *incidente* à une contestation déjà existante devant elle, cette dénonciation est toujours portée à la section déjà saisie, quelle qu'elle soit.

Et alors, de deux choses l'une :

Ou bien cette section se trouve être celle des *requêtes*, ou la section *criminelle*; et dans l'un comme dans l'autre cas, le renvoi pour la mise en accusation se fait à la *section civile*;

Ou bien cette section est la *section civile* elle-même, et alors le renvoi se fait à la sec-tion des *requêtes*.

Enfin, si la cour de cassation est saisie par

la découverte qu'elle fait elle-même dans l'examen d'une affaire, il faut distinguer : ou cette
affaire est pendante devant une *seule* section ;
et la section saisie, statuant immédiatement
sur la mise en prévention, renvoie à une autre
section, suivant les dernières distinctions qui
viennent d'être faites ;

Ou, au contraire, l'affaire à l'occasion de
laquelle la découverte est faite, est pendante
devant les *sections réunies ;* et alors le renvoi
se fait *à la section civile.*

Dans tous les cas, si la section à laquelle
le renvoi a été fait, après l'instruction nouvelle à laquelle son président a pu faire procéder comme remplissant les fonctions de *juge
d'instruction*, si cette section, disons-nous,
prononce la mise en accusation, elle renvoie,
pour prononcer au fond, à une cour d'assises
qu'elle désigne, et qui prononce aussi vis-à-vis
les complices ; le tout d'après les règles établies pour les cours d'assises.

Voy. sur tous ces objets Code d'instr.,
art. 485 et suiv.

Enfin, si, dans ces divers cas, la cour de
cassation se contente de faire des actes de
poursuites, ou prononce *préparatoirement*,

il est un cas dans lequel elle prononce directement des *peines*.

Et ce droit, elle le partage avec tous les
tribunaux siégeant en *audience publique*, sauf
qu'elle l'exerce d'une manière plus large (avec
les *cours royales* et les *cours d'assises*).

Pour ne nous occuper ici que de ce qui regarde la *cour de cassation*, il résulte des articles 504 et suivans du Code d'instruction,
qu'outre le droit de *police* qui appartient à son
président, comme à tout autre chef de tribunal ou juge agissant isolément, pour faire res-
pecter l'audience, la *cour de cassation* a le
droit d'appliquer immédiatement, et séance
tenante, toutes les peines déterminées par la
loi, pour les *contraventions*, *délits* et *crimes*
qui auraient été commis à *l'audience* même,
et cela, soit qu'il s'agisse de faits, d'injures
ou d'outrages dirigés contre la cour de cassation, soit même qu'il s'agisse d'autres faits
qu'on pourrait appeler *délits communs ;* et la
cour, bien entendu, statue alors sans *appel*
ni *recours*, puisqu'on ne pourrait trouver aucun
tribunal au-dessus de la cour de cassation où
l'on pût porter cet *appel* ou ce *recours*.

La cour de cassation, dans ce genre de juridiction, devrait pourtant, comme toute autre

cour, entendre les témoins, l'accusé et le défenseur qu'il aurait choisi, ou que le président
lui nommerait à l'instant même ; et après avoir
constaté les faits, elle prononcerait publique-
ment par un arrêt motivé.

Néanmoins, et pour se prémunir en pareil
cas contre l'emportement d'un premier mouvement, la loi exige, pour la *condamnation*,
une majorité plus forte que dans les cas ordinaires ; c'est-à-dire, elle veut que la cour ne
puisse condamner qu'à la majorité des *trois
quarts* de ses membres présens.

Et encore, si, dans ce calcul des trois quarts,
il y avait des fractions, elles seraient *appliquées
en faveur de l'absolution* (Code d'instr. ,
art. 508) ; c'est-à-dire, par exemple, que si
les juges étaient au nombre de onze, ce qui est
le *minimum* à la cour de cassation, il faudrait
neuf voix pour la condamnation (tout comme
s'ils étaient *douze*), et ainsi de suite, etc.

Et, en effet, s'agissant alors d'un délit commis sous les yeux même du tribunal, la loi a
dû penser que les juges, témoins du même
fait, ne sauraient être divisés sur la manière
de l'envisager : Cette division serait toute en
faveur de l'accusé.

Ici se termine ce qui regarde les *tribunaux
ordinaires.*

TITRE II.

Des tribunaux extraordinaires, ou plutôt *chargés de statuer sur les délits
non ordinaires.*

On a dit qu'on plaçait dans cette classe (1)
la juridiction spéciale des *prudhommes* en matière de *police*, les *tribunaux militaires de
terre et de mer*, et enfin la *cour des pairs.*

CHAPITRE I.er

Des prudhommes.

On appelle *prudhommes*, des mots latins *pru-
dentes homines*, une réunion d'hommes chargés, dans certaines localités de grande fabri-
cation, d'une espèce de juridiction commer-
ciale relativement à cette fabrique, et qui sont
choisis d'après un mode analogue à celui qui
est déterminé par la loi pour la nomination
des juges des tribunaux de commerce.

---

(1) Voyez le commencement de cette *section.*

C'est

C'est une espèce de démembrement de la juridiction des tribunaux de commerce ; et les conseils de prudhommes statuent en matière civile et pour des contestations relatives à la fabrique, dans des bornes et d'après des règles qui les rapprochent beaucoup de la juridiction des juges de paix. Sous ce rapport il est question des conseils de prudhommes dans le Cours de *procédure civile*.

Mais comme les lois de leur institution leur accordent encore le droit de prononcer en certains cas des *peines de police*, c'est ce qui fait qu'on en dit un mot ici, et par forme de simple nomenclature. Voyez, entr'autres, le décret du 3 août 1810 qui, dans son art. 4, dispose que « tout délit (1) tendant à trou-
» bler l'ordre et la discipline de l'atelier, tout
» manquement grave des apprentis envers
» leurs maîtres, pourront être punis par les
» prudhommes d'un emprisonnement qui
» n'excédera pas trois jours...... ».

Mais nous devons ajouter que cela aura lieu sans préjudice de la concurrence des autres autorités chargées de l'application de la loi pé-

(1) Ce mot est pris ici dans son acception la plus étendue.

nale, et, bien entendu aussi, de manière que
le même fait ne soit pas jugé deux fois : *non
bis in idem.* Voy. même décr. *Eod.*

On peut remarquer aussi qu'outre le droit
de statuer quelquefois en matière de *police*, la
loi accorde encore aux prudhommes le droit
de faire des recherches et de dresser des procès-
verbaux, même pour des délits qui ne les
concernent point comme *juges.*

Ils exercent réellement alors des fonctions
de *police judiciaire.*

Voy. sur-tout, pour ce qui concerne les
prudhommes, le décret déjà cité du 3 août 1810,
la loi du 18 mars 1806 portant création d'un
conseil de prudhommes à *Lyon*, le décret du
11 juin 1809, etc., etc.

CHAPITRE II.

Des tribunaux militaires de terre et de mer (1).

Le besoin de maintenir une bonne disci-

_____

(1) Comme il est probable qu'on s'occupera in-
cessamment de réformes très-importantes dans cette
partie de notre législation, on ne présentera ici, sur
cet objet, que des notions plus sommaires et plus abrégées encore que sur les autres parties.

pline dans l'armée a rendu nécessaire l'établissement , pour les *délits militaires* , d'une juridiction particulière qui fût plus prompte et
plus rapide.

Il faut distinguer, sur ce point, les tribunaux pour l'armée de terre, et les tribunaux
pour les marins, ou tribunaux maritimes.

§. I.er

Des tribunaux militaires pour l'armée de terre.

On distingue deux genres de tribunaux pour
l'armée de terre : les *conseils de guerre permanens*, et les *conseils de révision*.

Les *conseils de guerre permanens* statuent
sur les délits militaires de toute nature.

Les *conseils de révision* statuent sur la révision ou annulation des décisions des *conseils
de guerre permanens* : ils remplissent, à leur
égard, des fonctions analogues à celles de la
cour de cassation quant aux tribunaux ordinaires : nous parlerons successivement des *conseils de guerre permanens*, et des *conseils de révision*.

ART. 1.er

Des conseils de guerre permanens.

La compétence des conseils de guerre permanens est essentiellement déterminée par la *qualité des personnes*, et embrasse les délits de tous les *militaires* ou *assimilés aux militaires* qui sont *sous les drapeaux ou à leur corps*. *Voy.* décret du 21 février 1808, et avis du conseil d'état du 7 fructidor an 12.

Cependant les *gendarmes* et *officiers de gendarmerie* ne sont sujets à la juridiction des *conseils de guerre* que pour les délits relatifs à la *discipline militaire*. *Voy.* loi du 28 germinal an 6, et avis du conseil d'état du 8 vendémiaire an 12.

Il y a plus, et certains délits des *militaires* sont encore affranchis par leur *nature* de la juridiction des conseils de guerre ; ainsi,

1.º Les délits de *chasse* des militaires, même en garnison, ou à leurs corps, sont jugés par les tribunaux ordinaires. *Voy.* avis du conseil d'état du 30 frimaire an 14 ;

2.º Les délits des militaires *employés au recrutement*, et relatifs au recrutement, sont aussi dans la juridiction ordinaire. *Voy.* différentes instructions ministérielles.

Enfin, il faut remarquer que la juridiction *militaire* n'existe réellement que lorsque des militaires sont *seuls* poursuivis comme auteurs des délits ; mais s'ils ont de *simples citoyens* pour complices, comme ceux-ci ne peuvent pas être *distraits de leurs juges naturels* (art. 62 de la Charte), et que, par suite de l'*indivisibilité* des procédures, l'affaire doit être jugée par le *même tribunal*, dans la nécessité d'opter entre la juridiction *ordinaire* et une juridiction d'*exception*, c'est la première qui embrasse toute l'affaire et qui attire à elle les délinquans militaires. *Voy.* loi du 24 messidor an 4.

Les *conseils de guerre permanens* sont au nombre de deux dans chaque division militaire de l'armée ou de l'intérieur (1). Ils sont composés de *sept juges* pris parmi les officiers, et dont la loi indique le grade. (un *sous-officier* en fait partie) (2).

Un capitaine fait les fonctions de *rapporteur* auprès du conseil, et veille à la procédure : un autre capitaine fait les fonctions du *ministère public*; enfin un greffier, choisi par le capitaine rapporteur, tient la plume; en sorte

---

(1) Les divisions militaires de l'intérieur embrassent plusieurs départemens, comme, par exemple, la 7.ᵉ division militaire, dont le chef-lieu est *Grenoble*, embrasse les départemens de l'*Isère*, des *Hautes-Alpes* et de la *Drôme*.

(2) Le grade le plus élevé est celui de *colonel*.

qu'en tout *dix* personnes concourent à la composition d'un conseil de guerre. *Voy*. lois des 13 brumaire an 5, 18 vendémiaire an 6, et décr. du 16 février 1807.

Le titre de *permanens* que portent ces conseils annonce qu'ils ne sont pas composés pour *chaque affaire;* mais cependant on ne peut se dissimuler que le commandant de la division n'ait un pouvoir beaucoup trop grand (direct ou indirect) pour en changer les membres (1); et c'est ce qui a fait dire à un profond jurisconsulte en matière criminelle (M. Legraverend) que, dans l'état de cette législation, *l'honneur et la vie de tous les individus faisant partie d'une division militaire, dépendent réellement d'un seul homme......;* et c'est là, sans doute, l'un des vices de nos lois criminelles qui sollicite le plus vivement la réforme du législateur.

Ce qu'on vient de dire concerne les jugemens ordinaires des *conseils de guerre.*

Mais s'il s'agissait de juger un général ou un officier supérieur, la loi ferait aussi un devoir de composer le conseil d'officiers d'un grade

---

(1) *Voy.*, sur-tout sur ce point, loi du 13 brumaire an 5.

plus élevé. *Voy*. loi du 4 fructidor an 5, arrêté du 19 germinal an 10, et décret du 3 novembre 1807.

Le *capitaine rapporteur* instruit la procédure,
soit sur une plainte, soit sur l'ordre du général
commandant la division, sans préjudice des
procès-verbaux qu'aurait pu dresser un officier
de police judiciaire quelconque, et qui seraient
transmis au *capitaine rapporteur ;* il interroge
le prévenu et lui nomme un défenseur, si lui-
même n'en choisit un ; et, ce que l'on peut remarquer sur ce point, c'est que ce choix peut
être fait *parmi toutes les classes de citoyens*,
à la différence de ce qui se passe pour les tribunaux ordinaires. *Voy*, sur-tout, la loi du
13 brumaire an 5, et celle du 28 germinal an 6.

L'instruction étant terminée et les témoins
entendus, le conseil de guerre se réunit sur
l'ordre du commandant de la division. Ses
séances sont publiques, et néanmoins la loi déclare que le nombre des spectateurs ne doit pas
excéder le *triple* de celui des juges.

Une fois assemblé, le conseil de guerre doit
juger l'affaire qui lui est soumise sans désemparer ; ce qui veut dire au moins qu'il ne doit s'occuper d'aucune autre avant que celle-là soit terminée. *Voy*. même loi du 13 brumaire an 5.

Les décisions du conseil sur la *culpabilité* du prévenu ne peuvent être prises contre lui qu'à la majorité de *cinq* membres.

C'est alors seulement que le ministère public prend ses conclusions pour l'application de la peine; et les juges, *consultés de nouveau*, ne peuvent encore la prononcer qu'à la même majorité. *Voy.* même loi du 13 brumaire an 5.

La décision du conseil étant arrêtée, l'audience qui avait été suspendue momentanément pour la délibération est ouverte de nouveau. Le président prononce le jugement, après avoir lu le texte de la loi appliquée, et ordonne au *capitaine rapporteur* de le lire à l'accusé (qui n'a pas été ramené à l'audience), en présence de la garde assemblée.

Au moment de cette lecture, le rapporteur avertit le condamné qu'il a vingt-quatre heures pour se pourvoir devant le conseil de révision. Même loi.

Le pourvoi, au reste, peut être exercé non-seulement par l'accusé, mais encore par le ministère public, dans les vingt-quatre heures à dater du délai accordé à l'accusé.

Il ne peut avoir lieu que dans les cas suivans :

1.º Irrégularité dans la *composition* du conseil;

2.° Incompétence;

3.° Refus de juger fondé mal-à-propos sur une incompétence non réelle ;

4.° Inobservation des formes ;

5.° Fausse application de la loi. *Voy.* loi du 18 vendémiaire an 6, art. 15 et 1.er

S'il n'y a point eu de pourvoi dans le délai fixé, le jugement est immédiatement exécuté ; et, en cas de condamnation, c'est le *capitaine rapporteur* que la loi charge de faire les diligences nécessaires pour cet objet. *Voy.* loi du 13 brumaire an 5, art. 38 à 41.

Si, au contraire, il y a eu recours, on procède alors comme il va être dit à l'article suivant.

ART. II.

Des conseils de révision.

Il n'y a qu'un seul *conseil de révision* dans chaque division militaire.

Il est *permanent* comme les *conseils de guerre.*

Les officiers qui le composent sont d'un grade plus élevé, et jamais il n'y figure de *sous-officier.*

Mais il n'y a que *cinq juges* au *conseil de*

révision, au lieu de *sept* qui composent les *conseils de guerre.*

Le rapporteur est aussi pris parmi les juges, et délibère avec eux, à la différence des conseils de guerre où le rapporteur est pris en *dehors*.

Il y a d'ailleurs auprès du *conseil de révision* un greffier, et un officier (1) qui y remplit les fonctions du ministère public.

La manière dont l'instruction s'y fait est la même que devant les *conseils de guerre.*

L'instruction faite, le conseil de révision *rejette* ou *admet* le pourvoi.

Dans le premier cas, son jugement et les pièces sont renvoyés au conseil de guerre qui avait statué, afin que sa décision soit exécutée comme il a été dit;

Dans le second cas, au contraire, c'est-à-dire en cas d'*annulation*, le *conseil de révision* (qui ne doit jamais statuer sur le *fond*) doit renvoyer, savoir :

_____

(1) Un *commissaire ordonnateur*, ou un *commissaire des guerres de première classe*, dit la loi du 18 vendémiaire an 6, art. 3.

Quand il annulle pour *incompétence,* aux tribunaux compétens ;

Et quand il annulle, pour toute autre cause , à celui des deux conseils de guerre de la division qui n'avait pas encore statué , afin qu'il instruise et prononce de nouveau.

S'il y avait un nouveau pourvoi contre la décision de ce second conseil de guerre, il faudrait distinguer :

Ou il serait fondé sur des moyens *différens* que le pourvoi contre le premier , et on agirait comme à l'égard de celui-ci ;

Ou il serait fondé sur les *mêmes moyens,* et alors il y aurait lieu à demander l'interprétation de la loi dans les formes réglées par la loi du 16 septembre 1807 (ou plutôt dans celles qui vont probablement leur être bientôt substituées). *Voy.* , particulièrement , la loi du 18 vendémiaire an 6, relative aux *conseils de révision;* celle du 15 brumaire même année; avis du conseil d'état du 3 germinal an 11 ; décret du 12 novembre 1806, art. 58, et Legraverend, tom. 2, pag. 617.

§. II.

Des tribunaux maritimes.

Graces aux bienfaits de la Charte qui a sup-
primé toutes les juridictions spéciales et d'at-
tribution, nous ne connaissons non plus aujourd'hui, pour les *délits maritimes*, que deux
espèces de tribunaux, savoir, les *tribunaux
maritimes ordinaires* qui statuent sur les délits,
et les *conseils maritimes de révision*, qui sont
chargés, dans certains cas, de casser et annuler
les jugemens des premiers, comme les conseils
de *révision* dont nous venons de parler en sont
chargés à l'égard des *conseils de guerre* pour
l'armée de terre.

ART. I.er

Des tribunaux maritimes ordinaires.

Ces tribunaux (établis dans les ports de
mer), à la différence des *conseils de guerre,*
ne sont point *permanens ;* ils sont formés pour
chaque affaire, et sont dissous aussitôt que le
jugement est rendu. *Voy.* décret du 12 novembre 1806, art. 9.

Ils sont composés de *huit* juges , d'un rapporteur faisant en même temps fonctions du ministère public , et d'un greffier. Ces deux derniers sont nommés par le Roi , et leurs fonctions sont permanentes.

Le président du tribunal est désigné , pour chaque affaire , par l'intendant de marine et, à son défaut , par le commissaire général.

Les autres juges sont pris parmi les officiers de marine , dans un certain ordre déterminé par la loi , et auxquels on adjoint deux membres du tribunal de première instance du lieu. *Voy*. même décret du 12 novembre 1806.

Tous les délits des marins relatifs à la police et à la sûreté du port, sont dans les attributions du tribunal maritime. *Voy*. même décret du 12 novembre 1806.

Ce décret soumettait aussi même les *simples particuliers* à cette juridiction , pour des délits semblables ; mais cette dernière disposition doit être regardée comme abolie par l'art. 62 de la Charte déjà rappelé.

Les *tribunaux maritimes* ont encore juridiction , 1.º pour les crimes de *piraterie* , avec certaines distinctions admises et déterminées par la loi du 20 avril 1825. *Voy*. ladite loi.

2.° Pour les délits des *forçats* et *gardes chiourmes. Voy.* décret du 12 novembre 1806, combiné avec l'art. 62 de la Charte.

Le rapporteur et le tribunal maritime lui-même procèdent dans des formes analogues à celles établies pour les conseils de guerre.

Quand l'instruction est terminée , les juges opinent à *huis clos* , et après avoir renvoyé l'accusé en prison.

Les voix (comme dans les conseils de guerre) sont recueillies en commençant par le grade inférieur , et en continuant ainsi jusqu'aux juges *civils* qui opinent immédiatement avant le président.

Mais, à la différence des *conseils de guerre* , les jugemens des tribunaux maritimes sont arrêtés , conformément à la règle générale , à la majorité absolue, et le partage serait interprété en faveur du prévenu.

La lecture du jugement est faite à l'accusé , dans la prison , par le *greffier* (et non par le *rapporteur*, comme pour les conseils de guerre).

C'est le *greffier* aussi qui avertit l'accusé du droit qu'il a de recourir en révision , et du délai qui lui est accordé pour cela; et c'est lui enfin qui est chargé de veiller à l'exécution.

Le délai du recours est de *vingt-quatre heures*,

Et il court, pour toutes les parties, du moment même de la *prononciation;*

Mais le recours ne peut avoir lieu que pour deux causes :

1.º Violation des formes prescrites (ce qui embrasse forcément l'*incompétence* et l'*excès de pouvoir*);

2.º Fausse application de la loi.

On procède, en cas de recours, comme il va être dit à l'*article* suivant.

Voy. même décret du 12 novembre 1806, et avis du conseil d'état du 12 août 1807.

ART. II.

Des conseils maritimes de révision.

Les *conseils maritimes de révision* sont composés de *cinq juges* (à la différence des *tribunaux maritimes* que nous avons vu être composés de *huit juges*) indiqués ainsi par la loi; savoir:

L'intendant de marine,

Le commissaire général de marine,

Le major général,

Le président du tribunal de première instance du lieu,

Et le procureur du Roi.

La loi indique ensuite comment, en cas de
besoin, chacun d'eux peut être remplacé.

Cette composition ainsi fixée par la loi donne
au *conseil maritime de révision* un certain ca-
ractère de *permanence* que nous avons vu ne
pas exister pour les *tribunaux maritimes.*

On sent, au reste, que la prononciation du
conseil maritime de révision doit être analogue
à celle des *conseils de révision* pour l'armée
de terre, et que dans aucun cas il ne peut
statuer *au fond.*

En cas d'annulation, le renvoi se fait à un
nouveau *tribunal maritime* que l'intendant de
marine est tenu de convoquer immédiatement,
et dont aucun des *juges* ne peut être pris
parmi ceux qui ont pris part au premier jugement.

En cas de second recours, *fondé sur les
mêmes moyens,* une interprétation préalable
doit être demandée, à laquelle le conseil de
révision

révision est tenu de se conformer. *Voy.* même décret du 12 novembre 1806.

Outre la juridiction maritime pour les ports et les arrondissemens maritimes, les lois ont encore créé des juridictions pour les délits qui se commettent en mer sur les vaisseaux.

Et sur ce point, on peut distinguer :

1.º Les *conseils de justice* pour les délits les plus légers ;

2.º Les *conseils de guerre maritimes* pour des délits plus graves (1) ;

3.º Le pouvoir de discipline accordé aux capitaines commandant les vaisseaux et frégates.

Et ces juridictions, comme fondées sur la *nécessité*, doivent être regardées comme ayant survécu à l'art. 62 de la Charte constitutionnelle. *Voy.* sur-tout, sur ces objets, décret du 22 juillet 1806.

CHAPITRE III.

De la cour des pairs.

La Charte a attribué à la *chambre des pairs* constituée en haute *cour de justice* une juri-

_____

(1) Ces tribunaux siègent sur le pont.

diction *pénale* dans certaines circonstances qu'elle a indiquées.

Cette juridiction est déterminée tantôt par la *nature* du délit, tantôt par la *qualité* des *personnes*.

Sous le premier rapport, la *cour des pairs* a juridiction pour les *crimes de haute trahison* et les *attentats à la sûreté de l'Etat qui seront définis par une loi*, porte l'art. 33 de la Charte.

Nota. La *loi* qui devait *définir* ces crimes, n'est pas encore portée.

Sous le second rapport, c'est-à-dire sous le rapport des *personnes*, la *cour des pairs* a juridiction :

1.º Pour les délits des *pairs*. Charte constitutionnelle, art. 34 ;

2.º Pour les crimes de *trahison* ou de *concussion* des *ministres* qui auront été accusés par la chambre des députés ; crimes de *trahison* et *concussion* qui, d'après l'art. 56, doivent être définis par des lois (qui n'ont pas encore non plus été portées). *Voy.* même art. 56 et art. 55.

Quant à la manière de procéder devant la *cour des pairs*, cet objet attend aussi une loi particulière.

Mais en l'état, on peut consulter, au moins comme règles provisoires et comme pouvant servir d'élémens à la législation à faire, 1.º une résolution de la chambre des pairs elle-même du 8 mars 1816; 2.º deux ordonnances du roi des 11 et 12 novembre 1815, rendues à l'occasion d'un procès porté devant cette cour, et dont il résulte sur-tout que la chambre des pairs se conforme, autant que cela est compatible avec son organisation, aux formes des juri-dictions ordinaires.

Il est inutile de dire que la décision de la *chambre des pairs* (premier corps de l'Etat), ne peut être soumise à aucun recours devant aucune autre autorité : (sauf ce que nous au-rons à dire du *droit de grâce*).

Par quelque tribunal qu'une peine ait été portée, elle peut s'*éteindre*, et l'infamie elle-même, qui en est souvent la suite, peut être effacée par la réhabilitation.

Il nous reste donc à parler encore de l'*ex-tinction des peines* et de la *réhabilitation*.

TITRE III.

De l'extinction des peines et de la réhabi-litation.

Les peines qui peuvent être éteintes, ou lorsqu'elles ont été subies, ou par l'effet de *l'am-nistie* dont il a été question, peuvent l'être encore,

1.º Par la *prescription ;*

2.º Par la *grâce ;*

Et *l'infamie* qui est le résultat des peines *criminelles* proprement dites, et qui survit à la peine, avec les incapacités qui en sont la suite, peut elle-même être anéantie et effacée par la *réhabilitation*.

Ainsi nous avons à parler de la *prescription des peines*, de la *grâce* et de la *réhabilitation*.

§. I.ᵉʳ

De la prescription des peines.

La loi qui a jugé à propos d'admettre la prescription de *l'action* en matière criminelle, a cru devoir aussi admettre la prescription des *peines* qui ont été prononcées, sauf à *augmenter* le temps de cette dernière prescription.

Il faut aussi sur ce point, comme sur la prescription de *l'action*, distinguer les matières *criminelles* proprement dites, les matieres *correctionnelles* et les matières de *police :*

1.º Les peines *en matière criminelle* se prescrivent par *vingt ans* depuis la *date* des arrêts ou jugemens qui les ont prononcées, sauf au condamné à ne pouvoir habiter le même *département* que celui contre qui il s'est rendu coupable ou ses héritiers.

Le gouvernement pourrait même lui assigner sa résidence. *Voy.* Code d'instr. crim., art. 635 ;

2.° Les peines *en matière correctionnelle* se prescrivent par *cinq ans* depuis la date des jugemens ou arrêts en dernier ressort, ou depuis que des jugemens en premier ressort ne pourraient plus être attaqués par appel. *Eod.*, art. 636 ;

3.° Enfin, les peines *en matière de police* se prescrivent par *deux ans*, à dater des mêmes époques dont il vient d'être question. *Eod.*, art. 639.

§. II.

De la grâce.

L'art. 67 de la Charte porte : « Le Roi a le droit de faire grâce, et celui de commuer les » peines », c'est-à-dire qu'il peut faire grâce *totale* ou *partielle*.

Ce droit suprême, qui avait de tout temps été en France l'apanage de la souveraineté, avait été momentanément aboli par le Code

pénal de 1791 ; mais dès l'an 8 il avait été ré-
tabli, et le Code d'instruction criminelle lui-
même suppose son existence, en accordant à
une juridiction (qui n'existe plus) le droit de
recommander le condamné à la *commisération
du Roi. Voy.* Code d'instr., art. 595.

Quoi qu'il en soit, quand il a plu au Roi d'accorder des lettres de grâce ou de *commutation*
de peine (au moins en matière *criminelle* proprement dite), elles sont adressées par le ministre de la justice à la *cour royale* du domicile
qu'avait le condamné au moment de son jugement, et sont *entérinées* par elle solennellement,
toutes les chambres assemblées, en présence
du condamné qui est amené à l'audience libre
et sans fers, et qui s'y tient *debout* et *la tête
découverte* pendant que lecture en est faite par
le greffier, et pendant le discours que juge à
propos de faire le procureur général. *Voy.* décret du 6 juillet 1810.

On excepte de ces dispositions les lettres de
grâce accordées pour des crimes militaires,
d'après un décret du 14 juin 1813, qui, dans
ces circonstances, a prescrit des formes particulières.

La grâce n'est autre chose, comme on l'a dit,

qu'une *remise* totale ou partielle de la PEINE ; et de là la conséquence,

1.° Qu'elle n'a aucune influence sur les droits de la *partie civile*, ni même sur les frais de l'instance. *Voy.* avis du conseil d'état du 25 janvier 1807, et instruction ministérielle du 9 mai même année ;

2.° Que, laissant subsister le *délit*, et n'effaçant que la *peine*, elle n'empêcherait pas, en cas de nouveau délit, d'appliquer la peine de la *récidive. Voy.* arr. cass. du 11 juin 1825.

§. III.

De la réhabilitation.

Les lois civiles accordent la *réhabilitation* ou la réintégration dans tous ses droits au négociant *failli* qui prouve avoir satisfait à tous ses engagemens ; de même la loi criminelle accorde la *réhabilitation* au condamné qui prouve qu'il a satisfait à la société en subissant sa peine, et qui prouve en même temps, par une bonne conduite postérieure et prolongée pendant longtemps, qu'il est digne de recouvrer tous ses droits, et de voir effacer la tache qu'une condamnation flétrissante lui avait imprimée : la loi

tend une main secourable à celui qui veut revenir à la vertu ; elle ne repousse pas le repentir.

Mais elle ne croit pas au repentir d'un condamné *en état de récidive* : sa persévérance dans
le crime exclut toute idée d'un retour sincère à
la vertu, et la loi l'exclut aussi formellement du
bienfait de la *réhabilitation.*

Quant aux autres condamnés, il est plusieurs
conditions auxquelles ils doivent satisfaire pour
prouver qu'ils sont dignes de ce bienfait.

Ce sont les cours royales qui sont chargées
de vérifier si les conditions imposées par la loi
ont été remplies ; et c'est le souverain qui, ces
conditions vérifiées, accorde le bienfait de la
réhabilitation.

La loi exige d'abord,

1.º Qu'il se soit écoulé *cinq ans* depuis que le
condamné a achevé de *subir* sa peine ;

2.º Qu'il ait habité pendant ces cinq ans dans
le même *arrondissement* (afin, sans doute,
qu'on ait bien pu le connaître) ;

3.º Qu'il soit (toujours, sans doute, dans le
même but) *domicilié* depuis *deux ans* dans la
même commune.

Cela fait, et après s'être pourvu d'attestations
de bonne conduite auprès des municipalités des
lieux où il a habité, approuvées par le sous-pré-

fet, le procureur du Roi et les juges de paix des
mêmes lieux, il peut présenter sa demande à la
municipalité dont il vient d'être question (celle
où il a demeuré deux ans).

Cette demande, avec toutes les pièces, et une
expédition du jugement de condamnation, est
ensuite transmise au greffe de la cour royale de
la résidence du condamné, et communiquée au
procureur général, pour donner ses conclusions
motivées et par écrit.

Un rapport est ensuite fait par un magistrat
à la *chambre d'accusation;* et si les renseignemens reçus ne suffisent pas, de nouvelles informations peuvent avoir lieu à la demande de la
cour ou du procureur général; et, pour solliciter
des renseignemens, la loi exige qu'un extrait
de la demande en *réhabilitation* soit inséré dans
deux journaux, savoir :

Celui du lieu où siége la cour saisie de la demande,

Et celui du lieu où la condamnation a été
prononcée.

Et enfin, pour éviter toute précipitation et
toute erreur, la loi exige qu'il s'écoule au moins
trois mois entre la présentation de la demande
en réhabilitation, et l'*avis* que doit donner la
cour.

Enfin, sur les conclusions du procureur général, la cour donne cet *avis :*

S'il est défavorable au condamné, tout est
suspendu : il pourra bien présenter, plus tard,
une autre demande; mais la loi exige que ce
ne soit encore qu'après une nouvelle épreuve
de *cinq ans.*

Si, au contraire, l'avis est favorable au prévenu, toutes les pièces sont transmises, avec
cet avis lui-même, et dans le plus bref délai,
au ministre de la justice, par les soins du procureur général.

Le ministre soumet le tout à sa majesté,
après avoir consulté, s'il l'a jugé à propos, le
tribunal qui avait prononcé la condamnation.

Si la réhabilitation est prononcée par sa majesté, l'acte qui la renferme énonce l'avis de la
cour, et lui est envoyé.

Une autre copie en est adressée aussi à la
cour qui avait prononcé la condamnation, et
celle-ci la fait transcrire en marge de son arrêt.
Voy. Code d'instr., art. 619 et suivans.

L'art. 633 ajoute : « La réhabilitation fera
» cesser, *pour l'avenir,* dans la personne du
» condamné, toutes les incapacités qui résul-
» taient de la condamnation. »

Ainsi toutes les incapacités qui sont prononcées par l'art. 28 du Code pénal cessent d'exister;

Ainsi devrait, sans doute, cesser aussi d'exister la *mise en surveillance* qui, d'après les art. 47 et suivans du Code pénal, est la suite de la peine des *travaux forcés à temps*, de la *réclusion*, etc.

En un mot, le condamné réhabilité rentre pur dans la société et pour y jouir des mêmes droits qui sont accordés à tous les autres citoyens.

Cette pensée termine heureusement notre cours ; et ici se trouve achevée la tâche que, dans le cadre étroit où nous avons dû nous renfermer, nous nous étions imposée : notre but serait rempli, si nous étions parvenu dans un travail rapide à donner quelques notions claires et positives, à tracer la route et à faciliter une étude plus approfondie d'une branche de notre législation trop peu connue.

FIN.

ERRATA.

On est prié de corriger à la main les fautes suivantes :

1.º A la page 29, intitulé *du Chap.* 2, au lieu de *Des circonstances aggravantes* ou *atténuantes*, mettez *aggravantes* ET *atténuantes.*

2.º A la page 46 *in fine* et 47 in pp.º, au lieu de *sauf* SES *avis à donner et* SES *réquisitions à faire*, etc., écrivez LES *avis à donner et* LES *réquisitions à faire*, etc.

3.º A la page 48, ligne 10.ᵉ, au lieu de *on* NE *peut transiger*, etc., écrivez ON PEUT *transiger*, etc.

4.º A la page 71, ligne 9.ᵉ, au lieu de *telles* SERAIENT etc., écrivez *telles* SONT, etc.

5.º A la page 96, ligne 5.ᵉ, au lieu de *l'art.* 233, écrivez *l'art.* 235, etc.

6.º A la page 117, ligne 5.ᵉ, au lieu de *donnée*, écrivez *donné*, etc.

TABLE

DES MATIÈRES.

FIN DE LA TABLE.

www.ingramcontent.com/pod-product-compliance
Lightning Source LLC
Chambersburg PA
CBHW071641200326
41519CB00012BA/2366